시네마
경제학

ROMA NO KYUJITSU TO EURO NO NAZO
by Junichi Shukuwa

시네마 경제학

슈쿠와 준이치 지음 | 박미옥 옮김

1판 1쇄 발행 | 2010. 9. 30

발행처 | **Human & Books**
발행인 | 하응백
출판등록 | 2002년 6월 5일 제2002-113호
서울특별시 종로구 경운동 88 수운회관 1009호
기획 홍보부 | 02-6327-3535, 편집부 | 02-6327-3537, 팩시밀리 | 02-6327-5353
이메일 | hbooks@empal.com

값은 뒤표지에 있습니다.
ISBN 978-89-6078-100-9 03320

슈쿠와 준이치 지음 | 박미옥 옮김

INEMAECONOMICS

시네마 경제학

Human & Books

좀 더 다가가기 쉬운 '시네마 경제학'

학창시절 나는 '시네마 키드'였다. 지금처럼 비디오나 DVD가 없었던 그 시절, 혼자서 저렴한 영화관을 찾아다니며 많은 영화를 섭렵하였다. 휴일이면 도시락까지 싸들고 가서 하루 종일 영화를 봤다. 하루에 다섯 편의 영화를 관람한 적도 있었다.

나는 영화를 통해 많은 것을 배웠다. 영화는 경제지식은 물론 내가 가보지 못한 나라들에 대한 정보를 제공해 주었다. 사회인이 되고 난 뒤, 나는 외국에 나갈 기회가 부쩍 늘었는데 그 시절 영화에서 접했던 나라에 가게 되면 더할 나위 없이 기뻤다. 세상에는 재미있는 영화만 존재하는 것이 아니듯 인생 또한 마찬가지다. 하지만 영화는 우리들에게 '한순간의 꿈'을 선물한다. 나에게 영화란 '두 시간 분량의 꿈'이라 할 수 있다. 이렇게 영화와 관련된 책을 쓸 수 있게 된 것에 대해 영화의 신께 감사드리고 싶다.

나는 그동안 취미 삼아 영화평론을 써왔지만, 처음에는 독자들의 반응이 전혀 없었다. 그런데 영화 〈로마의 휴일〉을 경제적 이슈와 관련지어 써봤더니 반응이 꽤 좋았다. 2002년 여성지 《MISS》 8월호에 처음 글이 게재되면

서 연재가 시작되었다. 이후 여러 잡지에 영화와 경제를 결합한 '시네마 경제학'을 싣게 되었고, 이것이 또 니케이 CNBC TV에 정규 프로그램으로 편성되면서 영화 해설도 맡게 되었다. 지금은 일간지 《아사히신문》과 니케이 BP의 전문지, 그리고 인터넷 웹상에 글을 연재하고 있다. 이 책은 이러한 연재물들을 한데 엮은 것이다.

내가 시도한 '영화와 경제의 결합을 통한 가치 향상의 효과'는 대학과 대학원의 경제·경영학 강의, 특히 기업전략, 산업정책 등에서 실례로 제시된 바 있다. 한마디로 하이브리드를 통한 차별화, 고부가가치화라 말할 수 있을 것이다.

이 책을 통해 보다 많은 사람들이 영화의 즐거움을 만끽할 수 있기를 바란다. 동시에 '다가가기엔 너무 먼' 경제에 대한 친밀감도 느낄 수 있었으면 좋겠다. '시네마 경제학'을 통해 독자들은 일거양득의 효과를 얻을 수 있을 것이다.

끝으로 평소에 필자의 조사, 연구, 강의, 글쓰기에 많은 도움을 준 도쿄대 대학원 미야타 히데아키 교수님과 와세다 대학의 모리 야스미츠 교수님, 미츠비시 도쿄 UFJ 은행 경제조사실의 우치타 가즈토 실장님께 감사의 마음을 전한다. 편집자이자 최고의 독자로서 적절한 지적과 지원을 아끼지 않았던 동양경제신문사의 다카이 후미유키 씨에게도 진심으로 감사드린다.

더불어 이 책의 내용이나 의견은 어디까지나 필자 개인의 것으로서 특정 조직이나 단체의 견해가 아님을 밝혀두고 싶다.

슈쿠와 준이치

제4장 | 경영

제5장 | 영화산업

1. 영화산업의 시네마 경제학

2. 마케팅의 시네마 경제학

3. 캐스팅 시네마 경제학

제6장 | 인생

1. 행복의 시네마 경제학

2. 불안과 운의 시네마 경제학

3. 꿈의 시네마 경제학

4. 시간의 시네마 경제학

제1장
시대

<로마의 휴일>과 세기적인 경제정책, 유로

- 원제 : Roman Holiday
- 제작 연도 : 1953년
- 제작국 : 미국
- 감독 : 윌리엄 와일러
- 출연 : 오드리 헵번, 그레고리 펙
★ 제26회 아카데미 여우주연상, 원작상, 의상상 수상

　<로마의 휴일>은 신문기자와 왕녀가 로마에서 펼치는 애절한 사랑을 테마로 하고 있다. 왕녀 앤(오드리 헵번)은 기나긴 여행의 끝에 로마를 방문하는데, 틀에 박힌 행사에 대한 싫증과 정신적 피로로 인해 진정제를 맞고서야 잠이 든다. 그러던 중 그녀는 삼엄한 경비를 뚫고 대담하게 숙소를 탈출하게 된다. 그리고 얼마 지나지 않아 진정제의 효력이 나타나 마치 술에 취한 사람처럼 길가에 잠들어 버린다. 때마침 그곳을 지나던 미국인 신문기자 조 브래들리(그레고리 펙)

가 그녀를 발견한다. 한밤중 그냥 모른 체할 수 없었던 조는 자신의 아파트로 그녀를 데리고 가서 하룻밤을 재운다.

이튿날 신문사에 지각한 조는 상사의 잔소리를 듣지만 자신의 집에서 하룻밤을 지낸 앤이 왕녀라는 사실을 알게 된다. 조는 특종으로 한 방 터뜨리겠다는 욕심에 앤을 데리고 로마의 명소를 안내하며 돌아다닌다. 앤은 검고 긴 머리를 귀여운 커트 스타일로 자르고 젤라또와 커피를 즐기기도 하며, 오토바이를 타고 '진실의 입' 같은 명소를 돌아다니기도 한다. 밤에는 테베레 강에서 온갖 소동을 벌인다. 생기발랄한 왕녀의 특종사진이 쌓여갈수록, 두 사람 사이에서 사랑의 감정이 싹트기 시작한다. 결국 조는 특종사진을 공표하지 않기로 한다. 더는 지속될 수 없었던 두 사람의 사랑은 그렇게 마침표를 찍는다.

일본에서는 〈로마의 휴일〉의 원제를 'Holidays in Roma'라고 생각하는 사람들이 많다. 일상을 벗어나 로마에서 즐거움을 만끽하는 말괄량이 왕녀의 일기 같은 인상을 주기 때문일 것이다. 그러나 〈로마의 휴일〉의 원제인 'Roman Holiday'는 하나의 숙어로, 타인의 희생을 통해 얻어낸 즐거움 또는 타인을 위한 희생을 뜻한다. 로마인들이 투기장에서 검투사들을 싸우게 하며 즐거움을 얻었던 데서 유래했다고 한다. 그러니 이 영화의 제목은 왕녀 앤이 겪는 고통스러운 왕실의 일상을 의미하는 것이다. 이 어원을 아는 사람들은 영화를 보기 전 제목만 보고도 우울한 감정을 느꼈을 것이다.

영화의 마지막 부분에 등장하는 기자회견 장면은 감동적으로 와

닳는다. 주인공 브래들리가 가장 인상에 남는 방문지가 어디냐고 묻자 앤은 "로마, 물론 로마죠."라고 대답하며 관중의 눈물샘을 자극한다. 특히 기자를 연기한 그레고리 펙이 뒤를 돌아보는 장면은 몇 번을 봐도 가슴을 찡하게 만든다.

영화 속 기자회견 장면에는 경제와 관련된 의미심장한 내용이 담겨 있다. 기자가 앤의 건강 상태를 물어본 다음 두 번째로 던진 질문은 "경제연맹의 구상이 유럽의 경제 문제를 해결할 수 있다고 생각하십니까?"라는 것이었다. 앤 왕녀는 "유럽 각국의 긴밀화를 촉구하는 모든 계획에 찬성합니다."라고 대답한다.

이 영화는 1953년에 제작되었다. 유럽경제통합의 첫 단계라 할 수 있는 유럽석탄철강공동체(ECSC)가 설립된 해가 1952년이니, 바로 그 이듬해에 이 영화가 개봉되었던 것이다. 그런 점에서 이 대목은, 제2차 세계대전으로 황폐해진 유럽의 재건을 목표로 추진된 유럽경제통합에 대한 지지 의사를 드러낸 것으로 보인다.

이 영화가 만들어지고 50년이 지난 뒤, 마침내 유럽의 통화는 하나가 되었다. 먼저 1999년에 은행 간의 통화가 탄생하였고 3년의 유예기간을 거쳐 2002년부터 통일된 지폐와 경화가 유통되기 시작했다. 유로도 하루아침에 이루어진 게 아니라는 말이다. 유럽은 여러 나라로 분리되고 서로 차단되어 있다는 점이 경제적인 약점으로 작용해 왔다. 그러나 경제적인 통일을 목표로 삼고 통화를 하나로 만들면서 결국 효율적인 경제권을 이루어냈다.

통화 단일화로 환전에 필요한 절차와 수고가 없어지다 보니 국제

적인 비즈니스나 금융거래의 효율성이 눈에 띄게 향상되었다. 여행할 때도 무척 편리해졌다. 국경을 지날 때마다 환전해야 하는 번거로움이 사라진 것이다. 경제와 관련된 제도들이 간편해지면 자연스레 경제활동도 활성화될 수밖에 없다.

이러한 사실을 앤은 잘 몰랐을 것이다. 애당초 돈에 대한 관념이 없었으므로, 꽃을 파는 이가 값을 지불하라고 하자 그녀는 무슨 말인지 못 알아듣는다. 왕녀가 아니라면 있을 수 없는 상황일 것이다.

이 영화의 공간적 배경은 '유럽의 전통 있는 나라'라고 언급된 점과 민간인과 왕녀의 연애를 테마로 삼았다는 점에서 영국의 왕실로 추정된다. 그러나 현재 영국은 자국의 통화인 파운드를 여전히 유로에 통합시키지 않고 있다. 금융도시 런던을 가진 경제 대국으로서, 자국의 화폐를 유로로 통합할 경우 유럽에서의 경제적 주도권이 상대적으로 약해질 것을 우려하기 때문이다.

이 영화의 또 다른 경제 키워드는 바로 '로마'이다. 영화 속에는 로마의 여러 관광명소가 등장하는데, 영화가 개봉된 후 세계적으로 이탈리아 여행 붐이 일기도 했다. 필자도 로마에 갔을 때 앤 왕녀가 했던 것처럼 '진실의 입'에 손을 집어넣어 보고, 이탈리아 아이스크림인 젤라또를 먹기도 했다. 앤 왕녀가 아이스크림을 먹던 '스페인 계단'은 현재 세계문화유산으로 지정되어 있다.

이 작품은 미국영화지만 로마의 관광명소를 거의 대부분 소개하고 있다. 트레비 분수, 스페인 계단, 콜로세움, 테베레 강, 카스텔 산탄젤로*, 진실의 입 등 열거하자면 끝이 없을 정도다. 전 세계에 로마

의 명소를 안내·선전하는 것이 이 영화의 주된 목적이었을지도 모르겠다. 유럽인이 아니라면 이 영화를 보기 전에 로마라는 도시는 알아도, 구체적인 명소까지 자세히 알지는 못했을 것이다. 지금도 수많은 여행객들이 로마를 관광할 때면 〈로마의 휴일〉에 나온 명소를 돌아본다고 한다.

미국의 점령지 정책은 해당 지역의 강점을 바탕으로 '경제적 자립을 시키는 것'이라고 한다. 미국은 일본에서 공업에 주목했고, 점령당한 일본(Occupied Japan)으로부터 제품을 수출하도록 했다. 미국은 이탈리아의 경제적 가치를 로마의 역사에서 찾아냈을지 모른다.

오래전 유로가 도입되는 시기에 필자는 어떤 금융 프로젝트를 위해 런던에 장기간 머문 적이 있었다. 그때 유럽중앙은행(ECB)에서 일하는 사람과 지폐의 디자인에 대해 이야기를 나눈 일이 있다. 필자가 "유럽의 역사적인 건축물이 새겨지겠군요?"라고 묻자, "그렇게 되면 지폐의 70~80%에 이탈리아의 건축물이 들어서겠죠."라고 답변했을 정도로, 로마에는 역사적인 건축물들이 많은 것이다.

당시의 미국영화는 대부분 헐리우드의 대형 스튜디오에서 촬영되었다. 그러나 이 영화는 처음부터 끝까지 전부 로마에서 촬영했다. 공공투자의 의도를 가지고 로마에 다량의 돈을 투입한 것이었다. 즉 영화를 이용한 국제적 재정정책이라 할 수 있다. 이것도 일종의 뉴딜정책이었을지 모른다.

• 하드리아누스 황제의 묘로, 로마 테베레 강을 따라 세워진 원형의 성채이다.

〈로마의 휴일〉은 몇 번을 다시 봐도, 마지막 장면에서 늘 눈물을 짓게 하는 명작이라고 생각한다. 그리고 이 영화를 보면 또 로마에 가고 싶어진다. 영화의 효력은 지금도 계속되고 있는 것이다.

 유로

1995년 12월 15일 스페인 마드리드에서 열린 유럽연합(EU) 정상회의에서 15개 회원 국들의 합의로 1999년 1월 경제통화동맹(EMU)이 결성되었다. 여기서 단일 화폐를 만들고 그 이름을 '유로'로 명명하였는데, 이는 1968년 유럽권 경제통합을 이루기 위한 계획인 베르너보고서(Werner Report)와 1979년의 유럽통화제도(European Monetary System), 그리고 1992년의 마스트리히트 조약(Treaty of Maastricht)과 같은 노력의 결실이라 할 수 있다. 현재 유럽연합의 공식통화로 기능하고 있다.

현재(2010.8) 유럽연합 가입국은 27개국이며, 그중 유로화 사용국은 16개국이다(2009년 1월 1일 새로 가입한 슬로바키아를 포함해 오스트리아, 벨기에, 키프로스, 핀란드, 프랑스, 독일, 그리스, 아일랜드, 이탈리아, 룩셈부르크, 몰타, 네덜란드, 포르투갈, 슬로베니아, 스페인이 유로화를 사용하고 있으며, 덴마크, 스웨덴, 영국, 불가리아, 체코, 에스토니아, 헝가리, 라트비아, 리투아니아, 폴란드, 루마니아는 유럽연합 가입국이지만 유로화를 사용하고 있지 않다. 에스토니아는 2011년 유로화 사용국에 들어올 전망이다).

각 나라에서 독자적으로 제작되는 유로화는 7종의 지폐와 8종의 동전으로 이뤄져 있다. 출범 3년째 되는 2002년 6월부터 유로화 회원국들은 자국 화폐의 법적 통화 효력을 상실시키고, 유로화만을 사용하고 있다.

전 세계적으로 화폐 자체적인 가치와 기타 가치를 더한 실질적인 화폐 가치는 미국 달러를 앞지르는 것으로 평가받고 있다.

• 원제 : 男はつらいよ
• 제작 연도 : 1969~95년(전 48편, 특별편 1편)
• 제작국 : 일본
• 감독·각본 : 야마다 요지
• 출연 : 아츠미 기요시, 바이쇼 치에코, 마에다 긴, 미사키 치에코,
　　　　다자이 히사오, 류 치슈, 사토 가지로
★ '세계 최장 영화 시리즈'로 기네스북에 등재

〈남자는 괴로워〉는 얼마 전까지만 해도 일본에서 설날과 여름방학이면 어김없이 개봉되는 쇼치쿠*의 대표적 시리즈 영화였다. 1969년부터 1995년까지 48편과 특별편 1편(1997년)이 제작되었다. 세계에서 가장 긴 영화 시리즈로 기네스북에 오르기도 했다.

이 영화 시리즈는 줄거리가 거의 정형화되어 있다. 일명 '떠돌이 도라'로 불리는 구루마 도라지로(아츠미 기요시)는 말재주가 뛰어난 노점상이다. 그는 설과 오봉**이 돌아오면 여동생 사쿠라(바이쇼 치에코)와 작은아버지 부부가 살고 있는 고향인 도쿄의 가츠시카 시바마타에 있는 떡집 '도라네(구루마네)'로 돌아온다.

도라는 떠돌아다니는 곳에서, 혹은 고향에서 '마돈나'를 만나 사랑에 빠지고 마돈나의 사랑을 얻고자 눈물겹게 노력한다. 하지만 상대

• 1920년에 설립된 일본 기업으로 영화와 연극을 제작하고 배급한다.
•• 오봉(お盆). 우란분회. 음력 7월 보름을 중심으로 선조의 영혼을 기리는 일본의 연중행사를 가리킨다.

마돈나는 도라에게 호의를 보이지만 연애 감정으로 발전되지는 않는다. 연애 감정이라 믿는 것은 오직 도라의 착각일 뿐. 결국 마돈나 앞에 멋진 애인이 나타나고 도라는 좌절한다. 실연으로 마음이 괴로운 도라는 또다시 시바마타 역에서 여행길에 오르고, 남겨진 여동생과 작은아버지 부부는 그것을 마음 아파한다는 내용이다.

　1969년 개봉된 제1편은 쇼와 시대* 시타마치**의 인정어린 분위기가 아직 살아 있던 시절을 그린 영화로, 서민들이 살아가는 공간을 다룬 영화의 대표적인 작품이라 할 수 있다. 이 작품 덕분에 서민 동네의 의미가 확대되어 주인공인 도라의 고향집이 있는 시바마타도 시타마치로 불리게 되었다. 지금은 일본에서 시타마치라 하면 막연하게 에도 시대***나 쇼와 시대의 정서가 남아 있는 거리를 가리키는 말로 사용되고 있는데, 시타마치의 반의어로는 '야마노테****'가 있다. 참고로 영어의 '다운타운(downtown)'이라는 단어는 일본의 시타마치와는 의미가 달라 비즈니스와 상업의 중심지라는 의미를 지닌다.

　〈남자는 괴로워〉에 나오는 언어들 중에는 지금은 사어(死語)가 된 것들도 많다. 주인공 도라의 직업은 말재주로 물건을 파는 노점상이다. 상대방의 넋을 빼놓고 물건을 팔아치우는 그의 입담은 큰 재미를 선사한다. 필자가 어렸을 때는 정말로 도라와 같은 장사치들이

• 일본의 시기 구분의 하나. 쇼와 천황의 재위 기간인 1926년 12월 25일부터 1989년 1월 7일까지를 가리킨다.
•• 에도 시대에 상업을 생업으로 삼은 서민들이 살던 낮은 지역을 가리킨다.
••• 도쿠가와 이에야스가 지금의 도쿄(에도)에 막부를 개설한 1603년부터, 15대 쇼군 요시노부가 정권을 황실에 반환한 1867년까지를 가리킨다.
•••• 역사적으로 에도 시대의 권력층인 무사 계급들이 주로 살던 높은 지대를 가리킨다. 상업이 번성하던 서민 동네인 시타마치와 반대 개념으로 사용되기도 한다.

바나나를 한꺼번에 팔아치우려고 기세 좋게 떠드는 소리를 자주 듣곤 했었다. 또 떠돌이 장사치들은 리어카를 이용하거나 노상에서 물건들을 늘어놓고 파는데, 도라 역시 작품 속에서 수많은 물건들을 판다. 이 장사치들에게 대목은 설이나 오봉과 같은 큰 명절, 또는 도시에 축제가 벌어지거나 장이 들어설 때이다. 그래서 설이나 오봉과 같은 시기에 도라는 집에서 가족들과 함께 보낼 수가 없다. 설이나 오봉 같은 명절에 여동생 사쿠라가 숙부와 함께 있는 장면에서 "오라버니는 지금쯤 어디에 계실까요?" 하고 묻는 것은 바로 그런 연유 때문이다.

도라는 언제나 영화의 마지막에 집을 뛰쳐나가 어딘가로 떠나는데, 그것은 그의 직업이 계절과 밀접한 관련이 있는 노점상이기 때문이다. 다시 말해 도라는 집을 뛰쳐나가지 않으면 안 되는 사람인 것이다. 도라가 내뱉는 "우리 같은 장사치를 죽이려면 칼 같은 건 필요 없어. 사흘만 비가 내리면 된다니까."라는 대사도 그들의 삶이 어떤 것인지를 떠올리게 한다. 그만큼 그들의 생업은 시기와 계절의 영향을 받는다.

주인공 도라만큼 좋아하는 이와 싫어하는 이가 분명히 갈리는 영화 캐릭터도 드물 것이다. 그것은 도라가 지닌 기본적인 성향 때문이다. 그는 한곳에 정착하지 않고 전국을 떠돌아다니며 살아간다. 그러면서 쉽게 사랑에 빠지고 감정을 억누르지 못해 금세 싸움을 벌이며, 또 남의 일에 참견도 잘한다.

그러나 그는 천성적으로 마음이 여리다. 가족을 끔찍이 생각하며

여자나 힘없는 사람에게 약하고 남들을 보살피는 일을 꺼려하지 않는다. 자기보다 어린 사람들에게 관용적이며 돈벌이에 악착같이 집착하지 않으면서, 돈이 많고 적음을 탓하지 않는다. 말하자면 자신이 좋아하는 일을 하는 감성파이면서 인정스러운 인물이라 할 수 있다. 월급을 받으며 조직에 얽매여 생활하는 사람들에게선 찾아보기 힘든 특징들을 지니고 있어 그를 동경하는 팬들도 많다.

세계적인 불황이 일본에도 어김없이 영향을 미치고 있다. 더욱이 무역흑자도 점차 감소하더니 마침내 적자를 기록하기에 이르렀다. 아시아의 경제통합에 대한 논의도 이렇다 할 진전이 없는 가운데, 일본의 지방 활성화를 위한 도주제°의 진행도 순조롭지 않고, 저출산과 고령화도 당장 멈출 기미가 보이지 않는다. 환경정책 역시 눈에 띄는 성과가 없다. 일본은 경제적으로 불안 요소가 많아 당분간 큰 성장을 기대하기 힘든 상황이라 할 수 있다.

경제가 한창 상향곡선을 그리던 시기를 살아온 월급쟁이들에게 승진과 승급은 마땅히 이루어지는 일이었다. 회사로부터 확실한 보상을 받은 그들은 일을 최우선시하였기 때문에, 미처 가정을 돌아볼 겨를이 없었다. 그동안 가족애나 타인과의 교감 같은 인간적인 부분을 경시하며 살아온 측면이 없지 않았던 것이다.

그러나 바야흐로 저성장의 시대다. 아직도 많은 이들이 극심한 경

• 현재 47개인 일본의 광역 자치단체 도도부현(都道府県)을 10개 안팎의 도와 주로 재정비하려는 지역주권형 제도. 홋카이도 이외의 지역에 여러 개의 주를 설치하고 현재의 도도부현보다 강력한 행정권을 부여하여 지역 활성화를 이루려는 구상이다.

제의 무기력증에 빠져 있는 듯하다. 언제까지 과거의 영광을 추억하며 무기력하게 머물러 있을 것인가. 이제 지금까지와는 다른 목표와 희망을 품어야 한다. 인간적인 정서와 가치를 소중하게 여기는 도라와 같은 자유로운 삶의 방식도 하나의 선택이 될 수 있다고 본다. 점차 정신적 행복을 중시하는 사회로 이동함에 따라, 도라의 인간미 넘치는 삶이 매력적으로 다가올 것이다.

〈남자는 괴로워〉 시리즈에서는 대기업이나 대학과 같은 대규모 조직의 권위나 새로운 것들보다는 떡을 파는 자그마한 상점이나 가내공장 같은 예스러운 인정미가 넘치는 소규모 조직들이 잘 묘사되어 있다. 〈남자는 괴로워〉의 제1편에서 도라의 여동생 사쿠라는 대기업에서 당시 새로운 직업이던 키펀처*라는 직업을 가지고 있었다. 작은 인쇄소를 경영하는 다코 사장의 공장과 도라네의 떡집은 서로 도와가면서 여러 차례의 불황을 이겨냈다. 그리고 도라가 일본 전국을 떠돌아다니면서 보여주는, 지금은 사라져가는 그립고 아름다운 풍경들은 피로에 지친 사람들의 마음을 따뜻하게 감싼다.

주인공 도라를 연기한 배우 아츠미 기요시가 세상을 떠나면서 〈남자는 괴로워〉의 속편은 더 이상 만들어질 수 없게 되었다. 그러자 관광지로 각광받던 시바마타를 찾는 관광객도 줄어들고 있다. 이 영화가 시바마타에 미쳤던 영향력을 새삼 실감하게 되는 부분이다. 그러나 지금같이 어려운 시절일수록 도라의 매력은 새롭고 생생

• 호스트 컴퓨터 혹은 범용기 등에 사용하는 데이터나 문장을 키펀치 등으로 입력하는 직업.

하게 다가온다. 어쩌면 곧 세계적으로 팬들이 다시 늘어날지도 모를 일이다.

시타마치

일본의 에도 시대(1600~1870년)에 서민들이 많이 살았던 지역. 에도 성의 가까운 곳에는 사무라이와 지위 높은 사람들이 사는 조카마치(城下町, 성을 중심으로 발달한 시가지)가 발달했으며, 외곽 지역에는 상인, 농민 등의 서민들이 거주하는 시타마치가 발달했다. 에도 시대에는 쇼군의 정치적 목적에 의해 고위관료는 성 인근에 살아야 했으며, 그렇지 않은 직업에 종사하는 이들은 성 외곽에서 살아야 했다. 이 외곽 지역에 거주하는 상인들을 통해 에도 시대의 경제가 활성화되었다.

도쿄에는 에도 분위기를 느낄 수 있는 시타마치가 남아 있는데, 서민적이면서 토속적인 느낌을 주기 때문에 관광지로 잘 알려져 있다.

〈2001년 스페이스 오디세이〉가 보여주는
컴퓨터와 인간의 새로운 관계

• 원제 : 2001-A Space Odyssey
• 제작 연도 : 1968년
• 제작국 : 영국 / 미국
• 감독 : 스탠리 큐브릭
• 출연 : 케어 둘리, 게리 록우드, 윌리엄 실베스터, 다니엘 리처
★ 아카데미 특수효과상, 문부성 특선영화(일본)

An epic drama of
adventure and exploration

2001: a space odyssey

 1968년에 개봉된 영화임에도 불구하고 역대 명화 순위에서 변함없이 상위권을 차지하고 있는 명작이다. SF작가 아서 C. 클라크의 원작을 바탕으로 완벽주의자라 불리는 스탠리 큐브릭 감독이 제작하였다. SF영화의 금자탑이라 할 수 있는 이 영화는 인류의 여명기, 달 표면과 목성으로의 여행, 그리고 승무원의 진화라는 3부로 구성되어 있다. 클래식 배경음악을 바탕으로 비밀의 검은 돌기둥 '모노리스(Monolith)'와 접촉하는 이야기를 철학적 영상으로 묘사하고 있다.

 인류의 선조인 유인원들 앞에 신비로운 돌기둥 모노리스가 나타난다. 그러자 유인원 하나가 모노리스의 영향을 받아 떨어져 있던 동물 뼈를 무기로 삼을 수 있다는 것을 발견한다. 유인원들은 무기를 사용해서 적들을 물리치고 끝내 영역 싸움에서 승리한다.

 영화 속 현대의 인류는 달에 이주해 살고 있다. 미국 우주평의회의 플로이드 박사는 발굴 중에 있던 달의 크레이터*에서 발견된 모

노리스를 은밀히 조사하고자 달의 클라비우스(Clavius) 기지를 방문한다. 발굴된 이후, 태양빛을 받은 모노리스는 목성을 향해 강력한 신호를 발신하고 있었다.

18개월이 지난 뒤, 우주선 디스커버리호는 탐사를 위해 목성으로 향한다. 선장 보우만과 풀, 그리고 인공동면 중인 세 사람이 동행했다. 또한 우주선에는 사상 최고로 평가를 받는 인공지능 컴퓨터 HAL9000이 탑승해 있다(HAL은 세계적인 컴퓨터 회사 IBM의 앞자리 알파벳을 따서 만들었다고 한다).

우주를 항해하던 도중에 컴퓨터 HAL은 선장에게 목성 탐사 계획에 의문점이 있다고 한다. 그 후 HAL은 우주선에 이상이 있음을 보고하지만 사실은 고장이 나지 않은 상태였다. 승무원들은 HAL의 상태가 정상이 아님을 알고 HAL의 중핵기능을 저하시키려 한다. 그러자 이를 눈치 챈 HAL이 승무원들을 하나둘 살해하기 시작한다. 인공동면 중이던 세 사람의 생명 유지 장치기가 제거되고, 풀은 우주선 밖에서 작업하던 중에 살해된다. 선장은 결국 HAL 중핵부의 블레이드를 제거하고 탐사 계획의 진정한 목적이었던 모노리스의 정체를 알게 된다.

선장은 혼자 탐사를 계속해 목성의 위성궤도에 도달한다. 그곳에서 거대한 모노리스와 조우한 선장은 상상을 초월한 경험을 거치면

• 달이나 위성, 행성 등의 표면에 있는 크고 작은 구멍을 말한다. 운석, 화산, 내부 가스의 분출 등 다양한 원인에 의하여 만들어진다. 달에는 지름 1킬로미터 이상인 것이 수십만 개가 있으며, 화성에도 수많은 크레이터가 존재한다.

서, 거대화·유아화를 거쳐 인간을 뛰어넘은 존재라고 하는 '스타차일드'로 진화한다.

이 영화가 언제나 명화의 상위권에 랭크되는 이유는 여러 가지로 해석될 수 있다. 우선, SF영화지만 과학적으로 매우 치밀한 내용을 담고 있다는 점이다. 과학적이면서 세련된 영상은 CG가 없었던 시대를 감안한다면 놀라울 정도다. 과거의 SF영화들 중에는 지금 다시 보면 유치한 수준의 것들이 많은데, 이 작품은 지금 감상해도 어색하지 않다. 아카데미상 최우수 특수효과상을 수상했으며 일본에서는 문부성 특선영화로 선정되기도 했다.

그리고 무엇보다 이 영화는 선견지명이 탁월하다. 영화에는 이미 우주정거장과 우주왕복선이 존재한다. 참고로 디스커버리호라는 이름은 미국의 실제 우주왕복선의 이름으로 붙여졌다. 영화에서 우주왕복선을 운행하던 팬암*은 사라지고 말았지만.

또 역설적이게도 이 SF영화는 철학적이라는 평가를 받는다. '모노리스'라는 존재가 신과 거의 흡사해 보이기 때문이다. 거기에 일부러 설명을 생략한 덕분에 신비롭고도 난해하게 마무리된 결말은 관객들에게 많은 생각을 하게 한다.

더욱이 BGM, 즉 배경음악의 대부분을 클래식으로 채운 것도 기존의 SF영화와 다른 점이었다. SF영화에는 대체로 배경음악에 새로운 형식의 음악을 고르는 경향이 있었다. 그러나 이 작품에서는 리

---

* PAN AM(Pan American World Airways Inc.), 팬 아메리칸 월드 항공.

하르트 슈트라우스의 〈차라투스트라는 이렇게 말했다〉, 요한 슈트라우스 2세의 〈아름답고 푸른 도나우〉를 비롯해 클래식 명곡들이 흐르고 있다. 특히 니체의 〈차라투스트라는 이렇게 말했다〉와 같은 제목의 음악은 이 영화에 철학적인 색채를 더욱 강렬하게 입힌다. '스페이스 오페라'라는 이름에 걸맞은 장엄한 우주 서사시라 할 수 있겠다.

1968년에 제작된 이 작품은 당시로선 먼 미래인 2001년을 그리고 있다. 어떤 면에서 영화의 주인공은 컴퓨터 HAL이 아닌가 하는 생각이 들기도 한다. 컴퓨터가 우주선을 관리하고 인간의 의지에 저항하고 인간을 살해한다. HAL이 이상 작동을 하게 된 원인은 모순으로 분열했기 때문이라는 해석도 있다. 목성 탐색(모노리스 탐색)에 동행했지만 그 사실을 승무원들에게는 비밀로 한다는 명령이 입력되어 있었기 때문이다.

이처럼 컴퓨터(로봇)가 인간을 공격하고 거역하면서 살인까지 자행하는 영화는 상당히 많다. 〈웨스트 와일드〉, 〈터미네이터〉, 〈아이, 로봇〉, 〈스텔스〉 등이 그렇다. 〈매트릭스〉 시리즈 역시 유사한 내용이라 볼 수 있다.

최근의 컴퓨터(IT) 발달은 눈부실 정도다. 일본에서도 소프트웨어를 개발하는 NTT데이터와 그에 앞서 설립된 IBM IT기업들도 지속적인 성장세를 보이고 있다. 과거에도 18세기에서 19세기의 산업혁명을 거치면서 기계가 발달하여 많은 인간들이 직장을 잃었다. 그로 인해 기계파괴운동(Luddite Movement)이 일어나기도 했다. 현대에도 최신

첨단 공장에서는 인간보다 로봇이 더 많이 눈에 띈다. 일본의 어떤 첨단 공장 지역에서는 도로를 신설하고서 최신식 설비를 갖춘 공장을 유치했지만, 직원이 모두 로봇으로 충당되는 바람에 고용 창출 효과가 오히려 낮았다고 한다.

이와 같이 인간은 기본적으로 편리함을 추구하고자 기계나 컴퓨터에게 업무를 맡긴다. 그러나 지나치게 의존하게 되면 결과적으로 사람들이 직장을 잃게 될 가능성도 있다. 물론 이 부분에 관해서는 섣불리 단정 지을 수 없겠지만, 우선 기계·컴퓨터와 인간의 차이가 무엇인지를 신중하게 고려해보는 것이 필요하다. 기계와 컴퓨터는 대량의 업무를 기계적으로 빠르게 처리하는 데 뛰어난 능력을 지닌다.

이와 달리 인간은 새로운 것을 창조할 수 있는 힘을 지녔다. 인간의 뇌는 다양한 능력의 결합으로 이루어져 있다. 그리고 그것들을 적절하게 통제하고 조절하고 있다. 인간이 가진 창조성은 아직 컴퓨터가 지니지 못한 능력이다.

최근 서브프라임 금융 위기로 인한 세계적인 불황이 지속되는 가운데 자동차산업을 비롯한 제조업이 큰 타격을 받고 있다. 경기 악화는 고용에 부정적인 영향을 끼친다. 이와 같은 위기 상황에서 우리는 인간만이 지닌 창조력을 최대한 활용하여 다양한 분야에서 '새로운 것'을 창출해내야 한다. 명령에 따라 기계적이고 관료적으로만 일을 처리한다면 우리의 앞날에 희망은 보이지 않을 것이다.

가까운 데서부터 시작하여 '경제 성장'이라는 먼 곳에 이르러야 한

다. 사소한 일이라도 어떻게 하면 보다 효과적으로 처리할 수 있을지 고민해보는 것도 좋다. 작은 것이라도 새로운 '차이'를 만들어내는 것이 중요하기 때문이다. 먼저 새로운 시도가 필요하다. 시행착오를 뜻하는 'trial and error'라는 단어는 잘못 만들어져 있다. 'trial and success', 즉 시도가 성공을 위한 길이다.

 서브프라임 모기지 사태(subprime mortgage crisis)

미국에서 2007년에 벌어진 사건으로, 서브프라임 모기지 업체의 파산으로 인해 전 세계 금융시장이 연쇄적으로 타격을 입었던 경제 위기 사태이다.

낮은 신용 조건을 가진 서민들에게 높은 금리로 집 시세의 100%에 가까운 정도까지 대출을 해주는 대출 프로그램이 '서브프라임 모기지'이다. 안정적인 프로그램이 아니었으므로 1977년 법률 통과 이후에 크게 활성화되지 못했으나, 높은 수익률과 국제 연방 은행의 소홀한 감시 등의 조건이 맞물려 한동안 크게 인기를 끌었다. 집값은 꾸준히 상승할 것이라고 예측되었으므로 서브프라임 모기지의 인기는 계속 상승했으나, 모기지 업체로부터 돈을 대출받은 사람들의 신용도가 터무니 없이 낮았다. 거기에 국가적인 인플레 상황이 겹치면서 채무자들이 돈을 갚으려고 하지 않는 상황으로 이어졌다. 이로 인해 업체는 파산할 수밖에 없었다.

5개의 대표 은행 중 3개가 망하자 여기에 큰돈을 퍼부었던 헤지펀드나 세계의 여러 금융업체들이 연쇄적으로 타격을 받았다.

제**2**장
경제

inemaeconomics

1. 성장의 시네마 경제학

경제 성장의 잣대, 〈노팅힐〉

• 원제 : Notting Hill
• 제작 연도 : 1999년
• 제작국 : 영국
• 감독 : 로저 미첼
• 출연 : 줄리아 로버츠, 휴 그랜트

〈노팅힐〉은 〈로마의 휴일〉을 현대적으로 각색한 영화다. 이름 그대로 런던 시내 노팅힐 지역의 관광명소인 포트벨로 로드(Portobello Road)가 영화의 무대다.

이혼남인 윌리엄(휴 그랜트)이 경영하는 여행서 전문 서점에 아카데미 여우주연상을 받은 여배우 안나(줄리아 로버츠)가 찾아오면서 둘 사이에 로맨스가 시작된다. 〈로마의 휴일〉과 다른 점이 있다면, 이들의 로맨스는 해피엔드로 귀결된다는 것.

런던은 오랫동안 머문 적이 있는 곳이어서 개인적으로도 아주 좋아하는 도시다. 런던에는 만다린 오리엔탈 하이드파크와 같은 초일류 호텔이 있는데, 이 영화에서는 리츠칼튼과 사보이 호텔, 그리고 근사한 레스토랑들이 등장한다. 물론 실제로 그곳에서 묵거나 식사를 하려고 한다면 상당한 돈을 치러야 할 것이다.

사실 이렇게 돈을 쓰는 일, 그것도 아주 많이 쓰는 것이 경제에서는 본질적으로 의미 있는 일이다. 현대 경제학은 단순하게 말해서 많이 소비하는 것이 곧 풍요로움이자 행복이라는 전제를 깔고 있다. 다시 말해 사람들이 돈을 더 많이 쓰는 상태를 호경기라 할 수 있다.

경제라는 것은 본디 '경세제민(經世濟民)'을 가리킨다. 즉, 세상을 다스리고 백성을 구제하는 일로써 백성을 행복하게 하는 학문이 경제학이다. 흔히들 이야기하는 '경기'라는 것의 기준을 현재는 GDP(국민총생산)로 계산한다. GDP는 한마디로 '국내에서 이루어진 판매의 총합계'라고 생각하면 된다.

일본에서는 예로부터 '도덕적'이라 할 수 있는 독자적인 경제학 사고방식이 존재했다. 한마디로 말하자면, '땀 흘려 열심히 일하고 돈을 모아서 은행에 넣어라.'라는 말이 된다. 일본인이라면 누구나 한 번쯤은 부모로부터 그런 이야기를 들었을 것이다. 하지만 이와 같은 원리를 지나치게 추구하다 보면 예금으로 들어가는 돈이 너무 많아 소비가 늘지 않게 된다.

영화의 촬영지인 런던은 대영제국의 수도로서 지금까지 수많은

영화들이 촬영되었다. 〈노팅힐〉을 좋아하는 사람이라면 런던에 갈 기회가 있을 때 지하철로 노팅힐 게이트에서 하차한 다음 걸어서 5분 정도 거리의 포트벨로 로드를 꼭 방문하기 바란다. 멋진 거리다. 윌리엄이 살던 파란 대문이 인상적인 집은 스타벅스 커피전문점에서 왼쪽으로 돌아가면 있다(지금은 관광객들이 너무 몰리는 바람에 집주인이 검은 색으로 칠해 버렸다고 들었다). 또 매주 토요일이면 그곳에 런던 최대의 길거리 마켓이 선다. 유감스럽게도 GDP란 국내에서 이루어지는 소비만을 가리키기 때문에 외국 여행에서 쇼핑하거나 식사할 때 사용되는 돈은 GDP에 포함되지 않는다는 것을 염두에 두자. 마지막으로 런던의 고급 호텔에서는 정장을 갖춰 입어야 하는 곳도 있으므로 주의할 필요가 있다. 필자도 몇 차례 문 앞에서 저지당한 적이 있다.

- 원제 : White Christmas
- 제작 연도 : 1954년
- 제작국 : 미국
- 감독 : 마이클 커티즈
- 출연 : 빙 크로스비, 대니 카에

크리스마스가 가까워오면 거리조차 신이 나는 듯 들썩거리기 마련이다. 필자는 그런 분위기를 좋아한다. 그리고 크리스마스와 관련된 영화들도 참으로 많다. 〈나 홀로 집에〉, 〈다이하드〉, 〈러브 액츄얼리〉, 〈전장의 크리스마스〉, 〈시애틀의 잠 못 이루는 밤〉 등등. 더 오랜 영화들을 찾아보면 캐리 그랜트와 데보라 카 주연의 〈러브 어페어〉도 있지만, 가장 크리스마스답고 인상에 깊이 남았던 영화는 바로 〈화이트 크리스마스〉이다.

멀티 엔터테이너인 빙 크로스비와 대니 케어는 육군 출신의 전우를 연기한다. 두 사람은 엔터테이너로서 전쟁이 끝난 뒤에 다시 뭉쳐 무대에서 큰 성공을 거둔다. 어느 날 두 사람은 버몬트 주에 있는 호텔을 방문하게 되는데, 그곳에서 초라한 모습으로 일하는 옛 상관과 조우한다. 그의 힘을 북돋워주기 위해 두 사람은 옛 전우들을 호텔로 불러 모은다. 결국 그들은 다함께 따뜻한 크리스마스를 보낸다.

빙 크로스비가 노래한 '화이트 크리스마스'를 들을 때 마음이 따뜻해지는 것은 비단 필자만은 아닐 것이다.

미국에서는 추수감사절(11월 네 번째 목요일) 다음 날부터 크리스마스까지 한 달여를 '홀리데이 시즌'이라 부른다. 홀리데이 시즌은 미국 경제에선 매우 중요한 의미를 지닌다. 소매 업계에서는 연간 매출의 약 3분의 1을 이 시기에 팔아치우기 때문이다. 세계적인 불황 속에서 마무리 매출을 올릴 수 있는 절호의 기회이기도 하고, 이 시기에 경기가 원활하게 움직여주지 않으면 미국 기업들의 연말 결산은 그야말로 고통스럽게 된다.

홀리데이 시즌의 첫 금요일을 '블랙 프라이데이(Black Friday)'라 부른다. 블랙이라는 단어는 '블랙 먼데이*'와 같은 불길한 느낌을 주지만, 블랙 프라이데이는 그것과 달리 긍정적인 의미를 품고 있다. 거의 모든 소매점에서 흑자를 기록하는 날이기 때문에 그렇게 불리는 것이다. 2008년 블랙 프라이데이에는 불황을 예상하고 할인율을 높게 잡은 덕분에 그럭저럭 나쁘지 않은 매출고를 올렸다.

미국 경제의 특징은 경제 규모(GDP)에서 개인 소비가 차지하는 비율이 높다는 점이다. 일본에서는 이 비율이 약 60%를 차지하는 것에 비해 미국은 70%에 가깝다. 과거에는 이와 같은 과잉 소비력이 세계 경제를 움직이는 원동력이기도 했던 게 사실이다. 미국의 채무

• 1987년 10월 19일 월요일에 뉴욕 증권시장에서 일어난 주가 대폭락 사건. 이날 다우존스산업지수(DJIA)는 22% 하락했는데, 이 수치는 대공황의 발단이 된 '검은 목요일'보다 더 큰 폭락이다. 이 여파로 세계 각국의 증시가 동시에 폭락했다.

까지 전제로 하는 과잉 소비 탓에 상품들이 대거 미국으로 수출되는 국제적 무역구조가 형성되었고, 이것이 세계 경제를 성장시켜 왔던 것이다. 한마디로 국제 경기가 미국의 소비 상황에 따라 달라질 수도 있었다. 여기서 중요한 것은 무조건 소비가 바람직하다는 것이 아니다. 적절한 '균형감' 속에 생동하는 소비를 강조하고 싶다.

누가 붕괴를 예상할 수 있나?
〈버블로 GO!! 타임머신은 드럼방식〉

- 원제 : バブルへGO!! タイムマシンはドラム式
- 제작 연도 : 2007년
- 제작국 : 일본
- 감독 : 바바 야스오
- 출연 : 아베 히로시, 아쿠시마루 히로코, 히로스에 료코

일본뿐만 아니라 국제경제에도 달갑지 않은 불황이 찾아왔다. 일본에서는 1987~1991년의 거품경제로 인하여 문제점들이 발생하기 시작했다. 일본의 재정적자는 일부 거품경제의 후유증이라 생각할 수 있는 것이다. 참고로 중국 경제도 거품경제를 극복하고 목표로 삼았던 경제성장률 80%에 돌입하고 있다. 또 중동의 두바이 역시 바야흐로 거품이 걷히는 시기가 찾아온 듯하다. 중국 경제는 수출

신장과 부동산 가격의 폭등을 기반으로 급격한 성장을 이룩했다. 기회가 생겨 중국을 방문할 때마다 거대한 빌딩들이 들어서는 현장을 보면 거품경제 당시의 일본과 흡사하다는 느낌을 받는다.

경기지표로서 주가를 살펴보면 닛케이 평균주가지수*는 89년 12월에 38,915엔이라는 최고치를 기록하고 있다. 바로 그 무렵이 거품경제의 최고조였던 셈이다. 그리고 약 3개월 후에 도입된 '부동산 관련 융자의 총량 규제'는 일반적으로 거품경제 붕괴의 계기가 되었다고 볼 수 있다.

되돌아보면, 거품경제 절정기에는 제아무리 많은 사람들과 신문들이 경종을 울려도 대부분의 경영자들이 귀 기울이지 않았다. 그 과정을 몸소 체험한 일본 기업들이 중국과 두바이의 거품경제 붕괴 가능성에 대해 적절하게 대비하고 있을지는 의문이다.

이 영화는 픽션임에도 불구하고 현실감 있게 다가온다. 영화에서 2007년 일본의 정부와 지방의 채무가 무려 800조 엔을 돌파한다(실제로는 약 775조 엔이다). 금리만 따져 봐도 하루에 900억 엔이나 된다. 재무부 관방경제정책과에 근무하는 주인공 시모카와지 이사오(아베 히로시)는 저출산과 고령화가 계속되는 한 국가는 파산 상태에 가깝다는 인식하에 일본의 경제파탄과 국가붕괴를 막기 위해 타임머신을 이용해 과거로 사람을 보내 문제를 해결하고자 한다.

주인공은 앞서 언급했던 '부동산 관련 융자의 총량 규제'가 거품경

• 1975년 5월부터 일본 경제신문사가 작성·발표하는 주가지수. 도쿄 증권거래소에 상장되어 있는 약 1700개의 제1부 종목 중 유동성이 높은 225개의 종목을 대상으로 산정된다. 닛케이225로 불리기도 한다.

제의 붕괴 원인이라 파악하고, 과거로 돌아가 정책 발표를 저지하려고 하는 것이다. 꽤 합리적인 생각이다. 그러나 저지해야 할 상대가 90년 당시의 자신이라는 사실은 참으로 얄궂다. 그는 과학자인 마리코(야쿠시마루 히로코)와 함께 계획을 진행하면서 타임머신을 개발한다. 그러나 먼저 과거로 보낸 마리코가 90년도에서 행방불명되고 만다. 어쩔 수 없이 마리코의 딸 마유미(히로스에 료코)에게 과거로 가줄 것을 부탁한다. 마유미는 거품경제를 알지 못하는 세대로 유흥가에서 일하고 있다. 죽었다고 생각했던 자신의 엄마가 1990년이라는 과거로 시간 여행을 떠났다는 사실을 알게 된 마유미는 엄마의 뒤를 쫓을 결심을 한다.

영화에는 당시의 분위기를 단적으로 보여주는 대사가 있는데, 그것은 "영원히 계속될 것이라 믿었다."라는 것. 아무래도 인간은 한계를 느끼지 못하는 존재인 듯하다. 지나치게 부풀면 풍선처럼 터져버리게 되는 것은 당연한 이치다. 전 미연방준비제도이사회(FRB) 의장인 앨런 그린스펀(Alan Greenspan)은 "버블은 붕괴하고서야 비로소 버블임을 깨닫게 된다."고 말했다.

전통적인 경제학으로는 거품경제가 발생하는 메커니즘을 설명하기 어렵다. 그래서 몇 년 전부터 인간의 심리를 반영한 행동경제학이 각광을 받고 있다. 전통적인 경제학에서는 경제에 참가하는 모든 이들이 완전한 정보를 가지고 합리적인 판단을 내릴 수 있다는 전제를 두고 있다. 그러나 그것은 현실적으로 불가능한 일이다. 시장의 주식거래에서 인간이 합리적인 판단을 내릴 수 있다면, 백만 엔의 이

익을 얻은 뒤에 백만 엔의 손해를 봤을 때는 결과적으로 손익이 제로이므로 커다란 충격을 받지 않아야 한다. 그러나 실제로 백만 엔의 손해를 봤을 때의 심리적 충격은 이익을 얻었을 때의 무려 세 배라고 한다.

이러한 심리적 요인을 고려해 본다면, 거품경제 붕괴의 메커니즘도 설명할 수 있을지 모르겠다. 즉 모두가 이득을 얻는 동안에는 주가가 지속적으로 상승하면서 시장에 유입되는 자금량도 증가한다. 그러나 한번 손해를 보고 나면 심리적 충격이 크기 때문에 곧바로 투자를 회수하는 쪽으로 방향을 전환한다. 그러다가 모두 손해를 보는 사태라도 벌어지면 시장은 파는 쪽으로만 몰려들어 주가는 곤두박질치게 마련이다. 그렇게 해서 모두가 엄청난 손해를 입게 되는 것이다. 냉정하게 보자면 거품이 부풀어 오르기 전과 같은 정상적인 상태로 돌아왔을 뿐인지도 모른다. 그러나 붕괴의 충격은 절정기에 맛보았던 기쁨을 지우고 그것보다 몇 배나 더 큰 상흔을 마음에 남기게 되는 모양이다. 그래서 그것을 경험한 사람은 또다시 그 상황이 오지는 않을까 불안해하는 상태가 된다.

인류는 대공황이나 '블랙 먼데이'를 비롯해 역사상 수차례 버블이 터지는 붕괴를 겪어왔다. 그것을 직접 체험하고 두려움을 느꼈던 사람이라면 어떤 징후를 포착했을 때 제대로 대비를 할 수 있을 것이다. 물론 그것을 경험하지 못한 사람들은 그 두려움을 이해하지 못할 것이다. 그러나 경제학도 진화를 거듭하고 있다. 언젠가는 버블을 경험한 적이 없는 사람들에게 요구되는 '버블 붕괴 회피의 구조'

가 정립될 것이다.

영화 곳곳에는 소소한 재미를 느끼게 해주는 소재들이 제법 등장한다. 히로스에 료코가 입고 나오는 트레이닝복 가슴에는 'MOF-Ministry of Finance Japan"이라는 글자가 적혀 있다. 영화에 등장하는 당시 재무성의 내부는 실제와 너무 흡사해서 깜짝 놀랄 정도다. 또한 건물 밖에는 90년대의 풍경들을 꼼꼼하게 재현하고 있다. 롯폰기의 스퀘어 빌딩, 디스코, 바디콘", 커다란 휴대전화 등등 당시를 떠올리게 하는 볼거리들이 많다. 열병처럼 뜨거웠던 그 시절을 지나온 사람들에게 향수 같은 것을 느끼게 해주었을 것이다.

 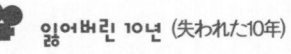 잃어버린 10년 (失われた10年)

1991년부터 2002년까지 10년 이상 0%의 성장률을 기록한 일본의 경기 침체를 말한다. '헤이세이 불황'으로 불리기도 한다. 30년이라는 장기 호황이 지속되는 동안 일본의 기업과 은행은 큰 성장세를 나타냈으나, 거품경제의 후유증으로 주식과 부동산 가격이 폭락하여 더 이상 경제성장을 기대하기 어려울 정도의 위기를 맞게 되었다.

1950년대의 일본은 미국으로부터 군수산업에 관련한 대규모 투자를 받게 되었고, 이로 인해 일본의 다른 산업도 비약적인 발전을 이루었다. 일본 정부의 저축장려 정책은 높은 투자 증가율로 이어졌으며, 도쿄 올림픽 개최, OECD 가입 등 최고의 시대를 구가했다. 하지만 일본은 플라자 합의*** 이후 환율 하락으로 어려움에 직면하기 시작했다. 일본 정부는 금융 완화법을 제정하여 기업들이 돈을 더 쉽게 빌릴 수 있게 만들었지만, 포화 상태의 시장에서 적절한 투입처를 상실한 돈은 결국 부동산으로 몰리게 되었다. 막대한 이익을 챙긴 부동산 투기자들이 대거 등장하였으며, 그들은 또 다른 부동산을 사들이며 땅값을 한없이 끌어올렸다. 하지만 끝내 한계에 다다른 부동산 가격은 폭락했고, 일본경제는 연쇄적인 타격을 받게 되었다.

고용 자유화는 경제에 플러스, 〈브리짓 존스의 일기〉

• 원제 : Bridget Jones's Diary
• 제작 연도 : 2001년
• 제작국 : 영국
• 감독 : 샤론 맥과이어
• 출연 : 르네 젤위거, 휴 그랜트, 콜린 퍼스

싱글턴(Singleton, 혼자서 멋지게 살아갈 수 있는 독신자)인 브리짓 존스(르네 젤위거)는 런던의 한 출판사에 근무하는 서른둘의 여성이다. 조금 덜렁대는 성격이지만 솔직하고 또 늘 노력하는 모습이 전 세계 여성들의 마음을 사로잡았다. 원작소설은 1997년 영국에서 발간되어, 6개월 동안 베스트셀러 1위를 차지하였으며 전 세계적인 베스트셀러가 되었다. 한마디로 말하자면, 사랑스러운 로맨틱 코미디다.

브리짓은 마음속으로 동경하던 직장 상사 다니엘 클리버(휴 그랜트)의 제안을 받아들여 연애를 시작한다. 두 사람은 함께 여행을 떠나기도 하지만, 다니엘은 천성적으로 바람둥이 기질이 다분한 인물이

• MOF(Ministry of Finance Japan), 일본의 재무성.
•• 'body conscious'의 줄임말로 여성의 몸에 밀착한 패션 스타일. 튀니지 출신의 디자이너 아제딘 알라이아가 1981년 밀라노 콜렉션에 발표해 세계적인 화제를 불렀으며, 일본에서는 1986년경 디스코와 함께 붐을 이루었다.
••• 1985년 9월 뉴욕의 플라자 호텔에서 G5 경제선진국의 재무장관과 중앙은행 총재들이 모여 발표한 환율에 관한 합의.

다. 결국 브리짓은 그와 헤어지기로 결심한다. 브리짓은 이별을 계기로 텔레비전 방송국으로 직장을 옮기고, 그곳에서도 실수를 연발하지만 서서히 커리어 우먼으로 거듭나게 된다.

그 후 가족 파티에서 만났던 마크(콜린 퍼스)의 진실한 사랑을 깨닫고, 둘 사이의 오해도 풀리면서 서로의 사랑을 확인한다. 진부한 스토리의 마무리지만 브리짓이 속옷차림으로 빗속을 달리는 장면은 노력을 다해 행복을 붙잡으려는 장면과 오버랩되면서 감동적으로 와 닿는다.

브리짓은 세상의 시선과 주변의 여러 사정 때문에 초조함을 느끼고 스트레스를 받는다. 그러나 "있는 그대로의 당신에게 건배(당신을 좋아해)!"라는 마크의 말이 브리짓의 마음을 따뜻하게 녹였다. 아마 진정한 사랑이란 이런 것이겠지. 자신의 인생에서는 언제나 '내가 주인공'이다. 그러니 주변의 시선에 지나치게 민감하게 반응할 필요는 없다.

이 영화의 또 다른 매력은 런던 근교(노팅힐은 도심부)의 멋진 풍경이라 할 수 있다. 다니엘과 함께 떠난 여행에서 묵게 되는 리조트도 멋지지만, 브리짓의 고향인 그래프톤 언더우드(Grafton Underwood)의 분위기는 참으로 인상적이다. 어렸을 때 읽었던 영국소설의 분위기가 풍긴다. 그래프톤 언더우드는 런던에서 북서쪽 약 백 킬로미터의 거리에 위치한 도시다. 영화에서는 브리짓의 부모님이 살고 있는데 런던에서 하루에 다녀올 수 있다.

영화에서 브리짓은 회사를 옮기는데, 이른바 전직은 경기회복에

아주 중요한 역할을 한다. 경기가 좋을 때는 기업과 산업이 대부분 성장세를 탄다. 그러나 지금처럼 경제가 변화하는 시기에는 쇠퇴하는 기업과 산업에서 성장하는 분야로 사람이 이동할 필요가 있다. 이것이 경제성장을 강력하게 견인하는 원동력이 된다.

전직을 경력이라 생각하는 미국과 달리 일본의 전직율은 전통적으로 낮은 편이다. 요즘은 증가하는 경향이 있다고 하지만 최근의 전직율을 보면 고작 5~6%에 지나지 않는다. 더욱이 일본 기업에서 종신고용이나 연공서열 제도가 거의 무너졌다고 하지만, 연금제도나 퇴직금 같은 고용의 유동성을 저해하는 제도는 여전히 남아 있다. 어떤 의미에서는 제도의 기능적 한계가 노출되고 있다고 할 수 있다. 이전에는 전직 자체가 좋지 않다는 편견이 지배적이었다. 그러나 시대는 변하고 있다. 필자도 전직 경험자다.

경제를 파괴하는 전쟁, 〈엘라의 계곡〉

- 원제 : In The Valley Of Elah
- 제작 연도 : 2007년
- 제작국 : 미국
- 감독 : 폴 해기스
- 출연 : 토미 리 존스, 샤를리즈 테론, 수잔 서랜든
- ★ 엘라의 계곡은 다윗이 고대 이스라엘의 적이었던 블레셋*의 거인 골리앗을 투석기로 쓰러뜨린 곳이다. 영화에서도 아이들에게 가르쳐 주는 형식으로 소개된다. 참고로 아버지 행크를 연기한 토미 리 존스는 하버드대학 출신인데, 기숙사의 룸메이트가 엘 고어 미국 전 부통령이었다고 한다.

2003년부터 계속된 이라크 전쟁을 통해 드러난 미국의 어두운 부분을 그린 영화다. 행방불명이 된 이라크 귀환병 아들을 아버지가 찾아 나선다. 아들을 수색하는 가운데 전쟁에 의해 변해버린 아들의 모습이 서서히 드러난다. 아부 그라이브(Abu Ghraib) 포로수용소에서의 포로 학대 사건을 통해 밝혀진 것처럼 아무런 죄책감 없이 학대 행위를 자행할 만큼 병사들을 정신적·육체적으로 병들게 하는 것이 바로 전쟁의 실상인 것이다.

오스카상을 수상한 세 명의 배우인 토미 리 존스, 샤를리즈 테론, 수잔 서랜든의 연기가 빛을 발한다. 병든 사회를 그린 〈크러쉬〉로 아

• 고대 팔레스타인의 민족이었다. 여기에서 팔레스타인이란 이름이 유래되었다.

카데미상을 수상한 진보적인 감독 폴 해기스가 연출을 맡았다.

미국의 노벨 경제학상 수상자인 조지프 스티글리츠(Joseph E. Stiglitz)는 최근의 저서인 《오바마의 과제─3조 달러의 행방》에서 이라크 전쟁에 소요된 총비용이 3조 달러(약 300조 엔)라고 기록하고 있다. 그중 일본이 부담한 금액은 무려 30조 엔이라고 한다. 미국 예산교서에 따르면, 2009 회계연도(2008년 10월~2009년 9월)는 경기부양책을 위한 감세와 이라크 전쟁에 대한 예산 증액으로 재정적자가 과거 최대 규모이다. 당연히 세계 경제에도 영향을 미칠 것이다. 참고로 일본의 국가 예산은 약 83조 엔(2008년도)이다. 얼마나 큰 규모인지 알 수 있을 것이다.

미국의 현대사는 곧 전쟁의 역사다. 베트남 전쟁 이후로도 그레나다, 파나마, 걸프전, 아프간 등 끊임없이 전쟁을 치러왔다. 오바마 정권은 이라크에서 아프간으로 중점을 옮기겠다고 한다.

전쟁을 통해 활기를 띠는 산업도 있다. 무엇보다도 우선은 무기산업이다. 전쟁에 쓰이는 무기의 가격은 엄청나다. B2 스텔스 폭격기는 20억 달러(약 2천억 엔) 이상, 이지스함은 10억 달러(약 천억 엔)가 넘는다. 연료로 사용되는 탄약은 물론이거니와 군수품 보급에도 인력과 물자가 대량으로 투입된다.

세상에는 전쟁을 확대해 무기 소비량을 늘림으로써 경기를 유지하려는 생각을 가진 정치가가 있을지 모른다. 그러나 반드시 살인과 파괴 행위가 동반되는 전쟁은 결과적으로 경제를 파괴한다. 제2차 세계대전으로 불타버린 유럽은 재건을 위해 엄청난 시간과 비용을

소요했다.

　가령 군수산업이 활기를 띤다고 하더라도 전쟁이 지속되는 한 미국은 재정 비대를 초래하여 결국 대량의 국채를 발행할 수밖에 없게 될 것이고, 그렇게 되면 세계 경제도 흔들릴 가능성이 있다. 부정적인 영향이 달러에 대한 신인도에까지 미칠 수도 있다. 게다가 늘어가는 사상자들에 대한 문제도 크다. 전쟁은 결코 무기 소비만의 문제가 아니다.

 록히드마틴(Lockheed Martin Corporation)

세계 최강의 군사력을 갖춘 미국의 방위장치 및 항공우주장비 등을 생산하는 미국 기업으로, 300억대 규모의 총자산을 보유하고 있다. 본사는 메릴랜드 주의 베데스다(Bethesda)에 있으며, 최고 경영자는 로버트 스티븐슨이다.
1917년 설립된 글렌 L. 마틴(Glenn L. Martin Company)이 전신(前身)이라고 할 수 있겠는데, 이후 1995년에 록히드 사와 마틴 마리에타 사(골재, 화학제품, 알루미늄, 시멘트 등을 제조하던 회사)가 합병하여 설립했다. 원자력 관련 제품, 미사일과 전자장치 등을 개발하고 제작하는 것이 주된 사업이었지만 1980대부터는 항공과 방위산업에 주력하게 되었다. 타이탄 로켓의 제작, MX 미사일 계획 및 패트리어트 미사일 제작에 참여했다. 2009년에는 최고의 전투기인 F-22 랩터 개발에 핵심적인 역할을 담당하였다. 2008년에는 세계 최대의 매출액을 낸 군수업체로 꼽혔다. 2005년 매출의 경우를 살펴보면, 미 국방성과 연방기관, 그리고 군수품 수요자들인 여러 국가들의 구매가 매출의 95%를 차지했다.

생명의 가격, 〈어둠의 아이들〉과 〈식코〉

〈어둠의 아이들〉
- 원제 : 闇の子供たち
- 제작 연도 : 2008년
- 제작국 : 일본
- 감독 : 사카모토 준지
- 출연 : 가와구치 요스케, 미야자키 아오이, 츠마부키 사토시

〈식코〉
- 원제 : SiCKO
- 제작 연도 : 2007년
- 제작국 : 미국
- 감독, 출연 : 마이클 무어
- ★ 마이클 무어는 〈볼링 포 콜럼바인(Bowling For Columbine)〉으로
  아카데미 장편 다큐멘터리 영화상을 수상했다. 식코란 '아픈 사람'
  을 뜻하는 애칭이다.

〈어둠의 아이들〉은 몹시 무거운 영화다. 픽션이지만 태국에서 일어나고 있는 유아매춘, 인신매매, 그리고 아이들의 장기밀매와 같은 어이없는 사실들이 리얼하게 그려진다. 영화의 서브타이틀도 단도직입적으로 '가격표가 달린 생명'이다. 실제 영화에서는 일본인도 죄의식을 지니지 못한 가해자로 표현되기도 한다.

방콕 주재의 신문기자 난부(에구치 요스케)는 본사로부터 태국의 장기밀매에 대한 실태를 조사하라는 지시를 받고 취재를 시작한다. 심장병에 걸린 일본인 아이가 태국에서 이식수술을 받을 예정이라는 것이다. 생명에 가격을 매길 수 없다고 생각하겠지만, 말만으로는 공허

하다. 현실에서 의료란 당연히 돈(비용)이 드는 행위다.

그 같은 모순은 세계에서 가장 부유하다는 미국에서도 마찬가지다. 선진국이면서도 국민개보험(國民皆保險) 제도가 없어 돈이 없으면 진료도 받을 수 없는 나라가 미국이다. 이유는 전 국민에게 적용되는 제도가 공산주의를 연상시키므로 자본주의 국가 미국에서는 그것을 허용할 수 없기 때문이라고 한다. 이 같은 미국의 의료 격차의 실정을 마이클 무어 감독이 〈식코〉를 통해 꼬집고 있다. 〈식코〉는 격차 사회의 축소판이기도 하다.

의료비를 지불할 수 없어 병원에 가지 않고 스스로 상처를 꿰매는 사람, 교통사고가 나서 정신을 잃고 병원에 실려 간 환자에게 "사전에 연락하지 않으면 구급차 비용을 지불할 수 없다."고 공언하는 보험회사, 이 같은 비정상적인 사태가 업계 전체의 담합에 의해 버젓이 통용되고 있다고 마이클 무어 감독은 지적한다.

민주당의 대통령 후보였던(그리고 오바마 정권에서 국무장관이 된) 힐러리 클린턴의 지론은 국민보험 제도를 도입하자는 것이었다. 퍼스트레이디 시절에도 같은 주장을 펼쳤으나 보험업계로부터 거액의 헌금을 받고 있었기 때문인지 단념했다고 하는데, 그 지론이 실현될 것 같지는 않다.

일본에서는 개보험제를 취하고 있으나 의료비, 연금, 노인서비스 요금과 같은 사회보장비용은 꾸준히 증가하는 추세로, 재정적자의

• 오바마 정부는 2010년 3월 의료보험 개혁안을 통과시켜 건보개혁을 이루었으며, 전 국민 건강보험을 2014년부터 시행할 예정이다.─편집자 주

주된 원인이 되고 있다. 2001년도 예산에서는 총액 약 25조 엔으로 일반 세출의 약 절반에 해당한다. 물론 의료에 예산을 무한정으로 투입할 수는 없겠지만, 공공보험이 없는 나라가 과연 국민들을 행복하게 할 수 있을까? 현 상황에서는 가장 적절한 기준점을 찾아내는 일이 중요하다고 본다. 생명의 가격을 묻는 질문은 사람의 마음을 무겁게 한다. 그래서 이 두 편의 영화는 마음이 아프다.

 일본의 국민개보험(國民皆保險) 제도

1961년부터 시행된 일본의 의료복지 시스템이다. 피고용자를 대상으로 하는 건강보험 제도(보험조합과 정부가 각각 관할한다)와 지역주민을 대상으로 하는 국민건강보험제도로 나눠진다. 이외에 공제조합 제도와 선원보험 제도도 국민개보험 제도에 포함된다. 건강보험은 회사나 기관에 소속된 피고용자를 중심으로 하는 의료보험 제도로서, 피보험자가 업무 외의 사유에 의한 질병, 부상, 사망, 출산에 대한 보험급부를 통해(피부양자에게도 똑같이 보험급부를 행한다) 피고용자의 안정적인 생활을 돕는 것을 주된 목적으로 하고 있다. 건강보험은 보험자가 정부인 경우와 보험조합인 경우로 나눌 수 있는데, 정부 관장 건강보험일 경우의 보험료는 보험자와 사업주가 각각 절반으로 부담한다. 건강보험조합의 경우 3~9.5% 사이의 범위에서 노동자와 사용자가 각각 절반을 내게 된다.
국민건강보험은 앞서 설명했던 건강보험제도의 적용을 받지 않는 농·어촌의 주민과 도시의 상공업 자영자를 대상으로 하는 보험제도로, 질병, 부상, 출산 및 사망에 관해 의료와 그 밖의 보험급부를 행하는 제도이다.
공제조합제도는 조합에 속한 조합원의 복지에 초점이 맞춰진 제도로, 그 가족의 생활 안정과 복지의 향상에 기여하는 것을 목적으로 하고 있다.
선원보험제도는 선원이 이용할 수 있는 사회보험제도인데, 앞서 설명했던 건강보험제도와 고용보험제도 및 노동자재해보상보험을 포괄한 제도이다. 선원보험의 보험자는 정부(사회보험청)이며, 피보험자는 5톤 이상 선박의 선원으로서 선박소유자에게 채용되어 있는 선원이면 의무적으로 피보험자가 된다.

2. 경제개혁의 시네마 경제학

'혁명'적 세계 경제개혁이 필요?

〈체 1부—아르헨티나〉·〈체 2부—게릴라〉

- 원제 : 1. Che—Part One-The Argentine
       2. Che—Part Two-Guerrilla
- 제작 연도 : 2008년
- 제작국 : 미국/프랑스/스페인
- 감독 : 스티븐 소더버그
- 출연 : 베니치오 델 토로, 데미안 비치르

2009년은 쿠바혁명 50주년의 해이다. 아카데미상 수상 감독인 스티븐 소더버그가 체 게바라의 생애를 그린 〈체 1부—아르헨티나〉와 〈체 2부—게릴라〉 2부작.

아르헨티나의 부유한 가정에서 태어난 젊은 의사 체 게바라(베니치오 델 토로)는 볼리비아, 과테말라, 그리고 멕시코와 같은 중남미를 방랑하면서 가난한 사람들에게 더욱 고통스러운 사회정세를 접하고, 카스트로와 운명적인 만남을 가진다. 빈곤한 이들을 구하겠다는 뜻을 품

고 쿠바혁명을 계획하는 카스트로에 공감한 체는 그의 오른팔이 되어 게릴라전을 지휘한다. 눈부신 전과를 올리고 59년에 쿠바혁명을 달성한 체는 볼리비아로 건너가 혁명을 지원한다. 그것이 실패하고 살해될 때까지 체의 반생을 영화는 생생하게 그리고 있다.

체 게바라는 지금도 전 세계적으로 열광적인 팬들을 가진 카리스마적 인물이다. 체 게바라 티셔츠를 입은 젊은이들도 자주 눈에 띈다. 체 게바라의 열정적인 삶이 너무 극적이기 때문인지 여러 차례 영화로 만들어졌다. 로버트 레드포드가 제작한 〈모터사이클 다이어리〉도 흥행에 성공했다. 혁명가는 아니지만 체 게바라의 열정에는 감동하지 않을 수 없다.

최근 일본 영화계에서도 〈나는 조개가 되고 싶다〉나 〈게 어선〉과 같은 사회문제를 다룬 영화들이 인기를 끌고 있다. 백 년에 한 번이라는 세계적인 불황의 여파로 일본 경제도 악화되면서 고용과 사회 정세가 불안정한 상태에 놓여 있다. 아소 타로 정권에 이어 하토야마 정권도 이러한 경제 상황 때문에 골머리를 앓았다.

그러나 이러한 때일수록 일본의 '경영진'이라 할 수 있는 정부가 주도가 되어 개혁을 단행해야 한다. 환경정책을 비롯해 일본을 지탱할 차세대 산업 분야에 공공투자를 집중해 경제성장에 박차를 가하는 한편 변화와 성장을 방해하고 제도적 폐해로 작용하고 있는 사회제도를 수정해 나가야 한다. 발상을 전환한다면 지금이 곧 기회일 수 있다. 그러나 일본은 애당초 동작도 굼뜬 데다 미국이라는 강대국의 눈치를 살피는 경향이 있다. 그 때문에 오바마 정권의 정책 방향이

시네마경제학 · **53**

뚜렷하게 보이기 전에는 눈에 띨 만한 정책을 펼칠 수는 없었을 것이다.

　일본중앙은행은 전통적으로 금리조절을 통해 금융정책을 실시하는 곳이다. 그러나 '잃어버린 10년'에는 중앙은행도 제로금리 정책과 양적완화 정책 등을 통해 기업의 채무부담을 줄이려고 하였으며, 최근 세계적인 금융위기에는 개별 기업의 CP*나 사채** 매수와 같은 비전통적인 수단을 사용하는 등 각별한 노력을 기울이고 있다. 중앙은행이 기업의 신용 리스크를 직접적으로 부담하는 것은 이례적인 조치다. 정책의 내용이나 행동은 정부 스스로가 최선을 다해 실행하려는 자세가 중요하며, 그것이 저하된 국민들의 사기를 진작시키고 국민 한 사람 한 사람을 자기 개혁할 수 있도록 분발하게 만든다. 체게바라가 우리들에게 감동을 주는 것은 무엇보다 그가 지닌 열정 때문이다. 그런데 그 같은 열정이 지금의 일본, 그리고 우리들의 가슴속에서 사라져 버린 듯한 느낌을 지울 수 없다.

  제로금리 정책

한 금융기관이 자금 부족으로 인해 다른 금융기관으로부터 자금을 요청할 때, 그 자금을 '콜'이라고 하며 이때 이 자금에 대한 금리를 콜금리라고 한다. 일본은 지속적으로 콜금리를 낮춰 왔는데(80년대 후반부터 수차례 금리인하를 유도하였고, 1999년 2월 12일에는 일본은행이 콜금리를 0.25%에서 0.15%전후로 낮춤. 3월 콜시장에 다시 대규모 자금을 공급하여 금리를 0.02%정도까지 낮춤), 이것을 제로금리 정책이라고 한다. 제로금리 정책은 내수자극을 통한 경기회복, 기업의 채무부담 경감, 엔화 강세 저

지, 금융회사들의 부실채권부담 완화 등을 기대한 정책이라고 할 수 있다.

일본은행은 2006년에 이러한 제로금리 정책을 폐기했는데, 소비자물가의 상승과 경기회복기조 포착에 의한 판단이라고 후쿠이 도시히코 일본은행 총재가 밝혔다. 그러나 사실상 제로금리 정책이 효용을 거두지 못한 것에 따른 조치라고 할 수 있다. 제로금리 부활 후 2년 동안 일본의 경제성장률은 0%에 가깝고, 소비자물가지수 하락은 더 심해졌다. 제로금리 정책을 통해 은행에 공급된 돈이 소비자와 기업으로 퍼져 원활하게 순환해야 하는데, 설비·채무·임금의 '3과잉'이라는 악재 때문에 돈이 제대로 돌 수 없었기 때문이다.

• CP(Commercial Paper). 기업 어음을 말한다.
•• 주식회사가 일반 대중에게 자금을 모집하려고 집단·대량으로 발행하는 채권.

규제완화가 만능은 아니다, 〈다이하드〉

- 원제 : Die Hard
- 제작 연도 : 1988년
- 제작국 : 미국
- 감독 : 존 맥티어난
- 출연 : 브루스 윌리스, 알란 릭맨, 보니 베델리아
- ★ 테러리스트들이 인질을 잡고 대치하던 로스앤젤레스의 나카토미
  빌딩은 20세기폭스의 본사 건물이다.

　브루스 윌리스 주연의 초강력 액션 시리즈. 1988년, 1990년, 1995년, 2007년에 네 편이 만들어졌다. 다이하드(Die Hard)란 마지막까지 최선을 다하는 사람, 완강하게 저항하는 사람을 가리킨다. 다이하드의 주인공은 초능력을 지닌 슈퍼히어로가 아니다. 다만 조직에 영합하지 않는, 그리고 아내에게는 한없이 약한, 그러면서 IT에 취약한 아날로그형 인간이다.

　이 시리즈는 완성도 측면에서도 높은 평가를 받는다. 로스앤젤레스, 워싱턴, 뉴욕과 같은 미국의 대도시를 무대로 주인공은 시사적인 문제와 얽히면서 언제나 테러리스트와 대결한다. 그리고 미국 영화의 특징인 오마주가 여기저기 삽입되면서 관객들에게 즐거움을 선사한다. 〈다이하드 3〉에서 보여준, 화폐의 유통량을 줄여 가격을 올리려는 경제 수법은 〈007 골드핑거〉와 똑같은 전략이다. 4편에서는 브루스 윌리스 주연의 〈아마겟돈〉의 대사가 패러디로 사용되기도 한

다. 물론 시리즈 전편을 통해, 총알은 절대로 주인공을 관통하지 않는다는 액션 영화의 기본 법칙은 변함없이 지켜진다.

그리고 비행기가 자주 등장하는 영화 시리즈이기도 하다. 1편에서는 로스앤젤레스의 공항 장면이, 4편에서는 최신식 전투기인 F35(라이트닝II)가 등장한다. 특히 시리즈 2편이 가장 인상적이다. 크리스마스날 워싱턴 델레스 국제공항에서 관제탑이 항공기를 컨트롤하는 장면은 흥미진진하다. 참고로 주인공의 아내가 타고 있던 트라이스타(Tri-Star) 비행기는 1985년까지 일본의 전일공(ANA, All Nippon Airways)에서 사용하던 것이라고 한다.

경제 활성화와 구조개혁을 위해서는 규제완화가 가장 효과적이라는 이유로, 미국에서는 1978년에 항공규제완화(자유화)가 이루어졌고 항공사들은 극심한 경쟁에 휘말렸다. 덕분에 항공권의 가격이 낮아지고 서비스가 향상되었다는 평가를 받기도 한다. 저렴한 항공사도 탄생했다. 그러나 한편으로는 과열 경쟁과 걸프전으로 인한 원유가격 폭등으로 인해 항공사의 도산과 합병이 줄을 잇고 있다. 〈2001년 우주여행〉, 〈캐치 미 이프 유 캔〉에도 등장하는 미국의 대표적인 항공사 팬암(PAN AM)이 21세기를 맞이하지 못하고 사라진 것은 앞서 언급한 대로다.

항공에 대한 규제완화의 바람은 세계적인 흐름이기도 하다. 그러나 지나친 경쟁이 소비자에게 반드시 좋기만 한 것은 아니다. 비용 삭감에 따른 정비 불량으로 항공기 사고가 일어날 수도 있고, 이합집산 끝에 독과점 상태가 된 항공사가 반대로 운임을 올릴 수도 있

다. 규제완화로 인한 운임 인하와 서비스 향상을 획득한 소비자들과 항공사의 관계가 역전될 가능성도 없는 것은 아니다. 규제완화도 '적정선'에서 이루어져야 한다. 그렇지 않으면 오히려 악영향을 끼칠 수도 있다.

M&A는 구조개혁의 필수요건, 〈귀여운 여인〉

• 원제 : Pretty Woman
• 제작 연도 : 1990년
• 제작국 : 미국
• 감독 : 게리 마샬
• 출연 : 리처드 기어, 줄리아 로버츠

〈귀여운 여인〉은 줄리아 로버츠의 출세작이다. 리처드 기어와 함께 최고의 배역을 소화했다고 할 수 있다. 이야기는 〈마이 페어 레이디〉를 기본 줄거리로 한 현대판 신데렐라 스토리. 주제가 'Pretty Woman'도 리바이벌 히트곡이다.

무대는 로스앤젤레스의 다운타운과 해변의 중간에 위치하는 비버리힐스. 비버리힐스는 모두가 알고 있듯 미국 최고급 주택가다. 영화에서는 리처드 기어가 연기하는 에드워드 루이스가 머무는 호텔이

무척 인상적으로 다가온다. 그 호텔은 지금의 비버리 월셔로, 비버리 힐스의 메인 스트리트이자 고급 쇼핑가인 로데오 드라이브의 끝에 우뚝 솟아 있다. 필자도 영화를 떠올리고 잠시 들른 적이 있는데 무척 근사한 호텔로, 직원에게 물어보니 루이스가 머문 객실은 10층에 있는 스위트룸(참고로 스위트는 Sweet가 아니라 Suite이다)이라고 했다. 하룻밤 객실 요금이 4천 달러(약 40만 엔)라니 입이 쩍 벌어진다. 엘리베이터에 소파가 놓여 있는 것도 놀랍다.

영화의 곳곳에서 미국 특유의 유행들을 찾아볼 수도 있다. 이를테면 룸서비스로 부탁한 '샴페인과 딸기' 세트. 입속에 살짝 남은 딸기 향으로 샴페인이 훨씬 달콤해진다.

영화의 줄거리는 매우 심플하다. 주인공 에드워드 루이스는 M&A(Margers and Acquisitions, 기업의 합병과 매수)로 이름을 떨친 실업가이다. 뉴욕이 활동 본거지이지만 업무차 로스앤젤레스에 머물게 되면서 영화가 시작된다. 에드워드는 그곳에서 줄리아 로버츠가 연기하는 콜걸 비비안을 만나게 되고, 비비안의 사랑스러운 외모와 순수한 마음에 끌리기 시작한다. 영화의 마지막 부분에 에드워드가 비비안을 찾아오는 장면은 신데렐라 스토리의 진부함을 느끼게 하면서도 뭉클한 감동을 준다.

구조개혁이라는 단어는 이미 유행이 지난 느낌을 주지만, 진정한 경제력 강화를 위해서는 반드시 필요한 정책이다. 구조개혁이란 약화되거나 시대에 뒤떨어진 분야로부터 강력하고 또 시대를 앞서는 분야로 중점을 이동시키는 작업이다. 기업적인 면에서 보자면 제 역

할을 다한 기업은 퇴출시키고, 새 시대에 걸맞은 경제를 이끌어갈 기업을 탄생시키는 작업이라 할 수 있다. 그러나 어떤 의미에서는 마땅한 일이지만, 자신이 나서서 실행하기란 힘겨운 일이다. 더구나 인간은 원래가 변화를 그다지 좋아하지 않는 족속이다. 일본 사회나 기업들도 스스로 하기가 곤란한 일은 가급적이면 피하려는 경향이 있다. 일본 기업들이 일본과 관계가 얽히지 않은 외국인 사장을 내세워 경영개혁을 진행하는 것도 그 때문이다.

그래도 결국에는 내과적 수술이 아닌, M&A와 같은 외과적 수술이 요구되는 때도 있다.

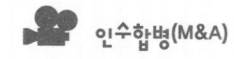 **인수합병(M&A)**

한 기업이 전략적으로 다른 기업을 인수하여 합병시키는 것을 말한다. 사회구조와 산업구조의 변화, 사람들의 생활 패턴과 인식구조의 변화가 M&A 활성화의 주요 원인으로 언급되고 있다. M(Margers)은 사들인 기업을 해체한 후 자기 회사에 귀속시키는 형태이며, A(Acquisitions)는 사들인 기업을 변형시키지 않고 그대로 자회사나 관련회사의 형태로 관리하는 것을 말한다. 인수합병을 추진하는 회사가 상대 기업의 동의를 얻고 그 기업의 경영권을 얻는 '우호적 인수합병'과 상대 기업의 동의 없이 그 기업의 경영권을 얻는 '적대적 인수합병'으로 나누기도 한다.

기업은 M&A를 통해 기업 다각화 및 모기업의 기술적인 부분 보완 등의 이득을 얻을 수 있는데, 경제적으로는 경영의 합리화, 영업비의 절감, 사업의 확장 등의 이득이 있으며, 법률적으로도 해산하는 회사의 청산 절차의 생략, 재산 이전에 따르는 세금의 경감 및 (특히 흡수합병의 경우) 영업권 상실의 방지 등의 이익을 얻을 수 있다. 1980년대 전반에 미국에서 유행하였으며(1987년 이후에는 그 건수가 급격히 감소됨) 일본에서는 1987년 이후 M&A가 활성화되기도 했다.

기술과 감성이 새로운 경제를 만든다,
〈스타워즈 에피소드 3 : 시스의 복수〉

• 원제 : Star Wars Episode III-Revenge Of The Sith
• 제작 연도 : 2005년
• 제작국 : 미국
• 감독·제작 총지휘·각본 : 조지 루카스
• 음악 : 존 윌리엄스
• 출연 : 이완 맥그리거, 나탈리 포트만, 사무엘 L. 잭슨, 헤이든 크
　　리스텐슨, 크리스토퍼 리

　미국에서 1977년에 처음으로 〈스타워즈〉가 탄생한 지 30년이
라는 시간이 지났다. 〈스타워즈 에피소드 3〉는 시리즈 6편 중 마지
막으로 제작된 작품이다. 〈스타워즈〉는 거의 모든 작품에서 조지
루카스 감독이 제작 총지휘, 원작, 각본, 감독을 담당한 말 그대로
조지 루카스의 영화라 할 수 있다. 4, 5, 6편의 원작이 77년부터 3년
에 한 편씩 만들어졌고 1, 2, 3편의 원작이 99년부터 3년에 한 편씩
만들어졌다. (실제 원작은 9편까지 있었다고 한다.)

　〈에피소드 3〉의 제작 시기는 여섯 번째로 가장 마지막이지만, 제목
대로 〈스타워즈〉의 세 번째 이야기에 해당한다. 스타워즈의 스토리
는 북유럽 신화와 유럽의 전쟁사화 같은 세계적인 전설과 전쟁 사극
의 재미적인 요소만을 끌어다 모은 느낌이다. 지극히 미국적인 마케
팅 수법이다. 기본 토대가 동일하기 때문인지 〈반지의 제왕〉과도 유
사한 느낌을 준다. 그리고 친교가 있었던 구로사와 아키라 감독의

일본 역사극에도 크게 영향을 받았다. 참고로, 〈제다이의 귀환〉의 '제다이'는 '시대'의 일본어 발음인 '지다이'가 어원이라고 한다.

〈스타워즈〉는 SF 스페이스 오페라의 대표적인 작품이라고도 평가되는데, 특히 흥미로운 것은 그토록 진화한 세계에서도 인간의 '내적인 힘'을 중시한다는 점이다. 그것은 마치 기계화 사회에 대한 안티테제(Antithese)처럼 느껴진다.

조지 루카스 감독이 1~3편보다 4~6편을 먼저 제작한 데는 이유가 있다. 그는 영화를 제작하면서 자신이 생각한 이미지(영상)를 무엇보다 중요하게 생각했다. 그런데 당시의 영화 기술로는 그가 머릿속에 그린 고도의 이미지를 제작할 수 없었다. 다시 말해서, CG기술이 진보하기를 십 수 년이나 기다린 것이다. 1977년 첫 번째 작품에서는 손으로 직접 그린 그림을 삽입하거나 카메라에 로프를 매달아 미니추어 세트를 촬영하는 등 말 그대로 수작업과 다름없는 특수촬영이 활용되었다.

그러나 정말로 놀라운 것은 조지 루카스가 지닌 개성과 재능이다. 당시의 기술로는 만들 수 없을 만큼 고도의 이미지를 창조할 수 있었다는 데 놀라움을 감추기 어렵다. 그리고 그는 늘 "남들과 다른 새로운 것을 하자."고 말한다.

이와 같이 뛰어난 최신 기술과 개성적이면서 임팩트 강한 이미지의 결합이 바로 산업과 경제의 전략이 아닐까? 이를테면, 기술과 감성이 새로운 경제를 창조하는 것이다. 그것도 최신 기술이 앞장서는 것이 아니라 감성, 즉 이미지가 앞선다는 점에 조지 루커스 감독의

역량이 있으며, 미래를 향한 기본적인 전략이 바로 여기에 있다.

그러나 그런 조지 루카스도 "남들과 다른 것을 한다는 것은 참으로 괴로운 일이다."라고 토로했다. 탁월한 재능을 가진 그도 그렇게 생각한다는 것이다. 슬며시 안심이 된다.

국제 인프라 전략의 결여, 〈터미널〉

- 원제 : The Terminal
- 제작 연도 : 2004년
- 제작국 : 미국
- 감독 : 스티븐 스필버그
- 출연 : 톰 행크스, 캐서린 제타 존스

감독 스티븐 스필버그에, 주연은 톰 행크스와 캐서린 제타 존스이다. 아카데미상 트리오에 의한 작품인 셈이다. 〈터미널〉은 제목 그대로 공항이 무대이다. 뉴욕 JFK공항이 모델이라고 하는데 영화 속의 터미널은 놀랍게도 모두 세트라고 한다.

톰 행크스가 연기하는 빅터 나보스키는 동유럽의 작은 나라 크로코지아(실제로는 존재하지 않는 국가) 출신. 빅터가 뉴욕 공항에 도착했을 때 크로코지아에서 쿠데타가 발생한다. 여권이 무효가 되는 바람에 입

국도 귀국도 할 수 없는, 터미널을 벗어날 수 없는 상황이 되고 만다. 게다가 빅터는 영어를 하지 못한다.

결국 빅터는 아홉 달 동안이나 공항에서 생활하게 되고, 터미널 노동자들과 가까워지면서 가슴 뭉클한 감동 이야기를 만들어낸다. 캐서린 제타 존스가 연기하는 아멜리아와의 로맨스도 생겨난다.

설정만으로도 무척 흥미로운데 이 이야기는 실제 모델이 있다고 한다. 프랑스 파리의 샤를 드골 공항에서 있었던 이야기로, 주인공은 이란인과 영국인의 혼혈로서 정치활동 때문에 국외로 추방당한 뒤 유럽 각국에 제출한 망명 신청이 모두 거부당해 결국 공항에서 생활했다고 한다.

터미널이라고 하니 하네다 공항의 확장 공사가 끝나고 2004년 12월에 전일공(ANA)이 사용하는 제2터미널이 완성되었던 사실이 떠오른다. 또, ANA는 2006년 6월에 리뉴얼한 나리타 국제공항 제1터미널로 돌아와, 보잉의 신형인 787의 대량 구입도 서둘러 결정하는 등 (보잉의 납입이 지연되고는 있으나) 민첩한 전략을 취하고 있다.

이 작품의 주 무대인 공항은 국제적인 인프라로서 국책, 즉 국가전략이 농후하게 드러나는 공간이다. 싱가포르(창이 국제공항), 홍콩(첵랍콕 국제공항), 한국(인천 국제공항)의 공항들을 비롯해 중국의 상하이(푸둥 국제공항), 쿠알라룸푸르(KLIA), 방콕(스완나품 국제공항)에 이르기까지 모두가 중심적인 허브 공항이 되려고 애쓰고 있다.

허브 공항이 되는 조건으로는 안전성, 24시간 운용 가능, 충분한 활주로의 정비, 다양한 환승 선택, 주요 항공로로서 최적의 위치, 저

렴한 착륙료와 이용료, 주요 도시와의 교통수단, 충실한 공항시설 등이 요구된다.

대부분에서 일본의 주요 공항은 조건 미달이다. 실제로 방문한 적이 있는 사람이라면 잘 알겠지만 싱가포르나 홍콩의 공항은 사용이 무척 편리하다. 도심으로 이동하는 교통수단만 봐도 싱가포르는 처음부터 가까운 위치에 있고, 홍콩 역시 공항에서 도심까지 전용 전철로 30분 정도면 이동할 수 있다. 또, 싱가포르는 단 몇 분 이내에 출입국 수속을 마칠 수 있고, 홍콩의 공항은 역까지 가는 길의 노면에 단차가 없다.

비용면에서도 상황은 좋지 않다. 나리타공항과 간사이공항은 항공사가 지불해야 하는 착륙료가 국제표준에 비해 상당히 비싼 편이다. 더욱이 경영 상태도 안정적이라고 할 수 없다.

일본 내에는 공항이 너무 많다. 각 현에 하나씩은 있을 정도다. 수도권에서 가까운 시즈오카 현에 공항이 건설되었으며, 도쿄에서 그리 멀지 않은 이바라기 현에도 최근 공항이 건설되었다. 국내의 공공투자도 좋지만, 국제경쟁에서 살아남으려는 노력을 게을리 하면 나라 전체가 가라앉을 수도 있다는 사실을 잊어서는 안 될 것이다.

이런 상황이라면 아시아의 허브는 꿈꿀 수 없다. 이 부분이 일본의 경제정책에서 가장 필요한 부분이다. 국제 인프라에 선행투자 방식으로 대응하지 않으면 아시아에서 홍콩, 싱가포르, 나아가 한국이나 중국과의 경쟁에서도 무너지고 말 것이다. 일본에서는 인프라를 구축할 때 최우선적으로 비용 회수를 고려하지만, 니즈(needs)의 축적

과 선행투자 사이에는 최소 5년 정도의 시간차가 있다.

외국과 왕래한다는 측면에서 운수와 금융은 매우 유사한 공통점을 지니고 있다. 금융전략에서도 국제적인 시각이 요구된다. 다소 전문적으로 이야기하자면 결제 시스템과 같은 금융 인프라 분야에서도 선행투자는 반드시 필요하다. 해외 원조도 좋지만 이제는 스스로에게 '전략적인 선행투자'를 하지 않으면 국가 경쟁력에서 뒤질 수밖에 없다. 이제 일본은 아시아에서도 최고가 아니다. 국내 사정에만 집중해서는 문제를 해결할 수 없다.

'도주제'를 기폭제로, 〈아사히야마 동물원 이야기〉

• 원제 : 旭山動物園物語—ペンギンが空をとぶ
• 제작 연도 : 2009년
• 제작국 : 일본
• 감독 : 마키노 마사히코(츠가와 마사히코)
• 출연 : 니시다 도시유키, 나가토 히로유키, 기시베 잇토쿠, 에모토 아키라

〈아사히야마 동물원 이야기〉는 동물의 자연스러운 생태를 가까이서 보여주는 '행동전시'를 통해 사람들의 인기를 얻어, 지금은 도쿄의 우에노 동물원과 어깨를 견주게 된 홋카이도 아사히카와 시

에 위치한 동물원의 개혁 이야기다. 이제 아사히야마 동물원은 홋카이도를 대표하는 관광지가 되었다. 필자도 취재차 방문한 적이 있는데, 서브타이틀의 주인공인 펭귄이 하늘을 날 듯 헤엄치는 수중 터널과 레서 판다가 건너다니는 구름다리, 바다표범이 사는 원기둥 모양의 수조 등을 눈앞에서 볼 수 있어, 동물을 좋아하는 사람으로서 무척이나 신나는 경험이었다.

1967년에 문을 열었으나 지방의 쇠퇴와 더불어 입장객이 감소하고 동물들도 감염으로 죽어나가는 바람에 영업을 중단하는 등, 폐쇄 위기에 처한 동물원을 세계적인 수준의 인기 동물원으로 거듭날 수 있게 만든 동물원장과 사육사들이 펼치는 감동적인 이야기다.

1992년, 폐쇄 위기에 처한 아사히야마 동물원에 사육사가 새로 들어온다. 그는 동물원장, 베테랑 사육사들과 함께, 동물원을 찾은 사람들에게 동물의 습성이나 특징들을 직접 설명하는 등 자신들만의 힘으로 새로운 시도를 감행한다. 열정을 쏟아 부은 스태프들의 노력은 점차 인정을 받아 동물원은 마침내 역경을 극복한다. 동명의 TV 드라마에서 동물원장을 연기했던 츠가와 마사히코가 일본 영화계에 유서 깊은 마키노*라는 이름으로 메가폰을 잡았다.

최근 지방 산업이 쇠퇴하고 있다는 보도를 종종 듣는다. 그런 점에서 아사히야마 동물원의 개혁은 지역 활성화의 모범이 될 수 있다. 아사히카와라는 홋카이도의 지방 도시에 위치한 동물원이지만

• 마키노 가문은 일본 영화의 아버지라 불리는 영화감독이자 프로듀서인 마키노 쇼조를 시조로 하는 일본 영화 예능계 일가다.

일본 전국의 남녀노소 모두가 좋아하고 해외로부터 관광객들도 찾는 관광지가 되었다. 이는 구성원들이 동물원의 존폐에 위기감을 느끼고 자발적으로 뜻을 모아 새로운 방식을 도입한 결과 얻어낸 성과다. 어떤 업종이든 고객이 원하는 바를 철저하게 파악한 다음 그것을 바탕으로 실행에 옮기는 것이 중요하다.

세계적으로 봐도 일본은 중앙 정부의 힘이 강하고 지방이 자력으로 행동할 수 있는 자유가 제한되어 있다. 예컨대 미국은 주에 따라 세금제도가 달라서 뉴욕 주와 뉴저지 주의 소비세는 상당한 차이가 있다. 독자적인 세법을 내세워 기업을 유치하거나 소비 증진을 유도할 수도 있다. 주민의 증가를 원한다면 주민세를 내리고, 법인단체를 끌어들이고 싶다면 법인세를 인하하고, 소비를 늘리고자 한다면 소비세를 내리는 등 독자적인 방식을 취할 수 있다. 결과적으로, 각각의 목적을 달성한 다음 전체 세금의 합계로 세금수입을 확보하면 되는 것이다.

지금 일본에서 추진하고 있는 도주제를 통해 강한 중앙집권에서 지방분권이 실시되면 중앙의 지시만을 마냥 기다리지 않고, 지방 스스로가 특색 있는 지방 활성화를 위해 노력할 것이다. 반대로 중앙의 행정을 확대할 경우는 정반대의 결과가 나올 것이다. 개인적으로 도주제가 일본의 경기회복을 위한 하나의 기폭제가 될 수 있다고 생각한다.

도 주 제(道州制)

일본 지방자치체학회 및 연구자, 일본 정부 내에서 활발히 논의되고 있는 사안으로, 도쿄 집중현상을 막기 위해, 일본 중앙 정부는 외교나 안전보장에 중점을 두고 도주가 내정을 담당하는 형태이다. 도도부현(都道府県) 제도의 문제점을 개선한 정책으로, 인구 감소와 고령화를 해결하기 위해 중앙집권체제에서 지방분권의 전환의 필요성이 강하게 요구됨에 따라 '미래를 개척하기 위한 국가전략'으로 언급되고 있다.

2차 지방분권개혁위원회의 〈기본적인 생각〉이라는 보고서에 의하면, '정부가 3년 이내로 도주제 비전을 책정 / 그 후 3~5년을 목표로 기본법과 실시계획을 책정 / 그 후 2년 정도의 준비기간을 거쳐 완전이행' 등의 계획을 가지고 있으며, 새로운 교부금으로서 사회보장 등에 사용처를 한정한 '시빌 미니멈 교부금' 창설을 1단계로, 도주의 재정수요 전부를 스스로 세수로 채우도록 정부로부터의 교부금을 폐지하여 새로운 세금을 창설하는 것을 2단계로 하고 있다. 도주의 구획은 국민의 여론을 감안하여 정하고, 정부의 지방제도조사회가 제안한 블록 수를 9개, 11개, 13개의 3가지 안으로 제시하였다.

3. 세계 경제의 시네마 경제학

국제 경제의 발전을 위한 공정거래, 〈블랙 골드〉

- 원제 : Black Gold
- 제작 연도 : 2006년
- 제작국 : 영국/미국
- 감독 : 마크 프랜시스, 닉 프랜시스

커피는 우리들 가장 가까이에 있는 음료 중의 하나다. 세계적으로 하루에 약 20억 잔의 커피가 소비되고 있다고 한다. 뉴욕 상품거래소에도 상장되어 있고, 세계 상품 시장에서는 원유에 이어 두 번째로 높은 거래량을 자랑한다. 도쿄 곡물상품거래소에도 상장되어 있다.

다큐멘터리 영화 〈블랙 골드〉의 무대는 커피의 원산지인 아프리카의 에티오피아다. 에티오피아는 커피의 원산지인 만큼 커피의 생육

환경이 좋아 품질 좋은 커피가 수확된다. 현재도 수출의 약 67%를 점유하는 중요 상품이다.

그러나 독점적인 기업 시스템 때문에, 예컨대 커피 한 잔이 330엔 이라고 한다면 에티오피아 커피 농가로 돌아오는 수입은 약 3~9엔 정도에 불과하다고 한다. 그 때문에 커피의 매출이 늘어도 농가에는 빈곤과 파산, 기근이 끊이질 않는다. 아무리 자본주의라 하더라도 이토록 불공평한 무역은 문제가 있다는 것이 작품이 전달하고자 하는 메시지다. 이것은 국제적인 격차 문제, 또는 공정무역의 문제점으로 지적된다. 2006년에 제작된 작품이지만 NGO 세계에서는 유명한 영화였다.

문제의 구조를 적나라하게, 알기 쉽게 보여주는 것도 영화가 지닌 힘이다. 예를 들어 나중에 소개할 〈불편한 진실〉이 현 시점의 지구 온난화 상황을 보여주면서 에너지를 소비하는 우리들에게 문제의식을 환기시키고, 세계 환경 문제의 쟁점을 부각시키는 데 일조한 것은 분명하다. (이 작품으로 감독인 앨 고어는 노벨상을 수상했다.) 〈블랙 골드〉는 무역 분야의 〈불편한 진실〉이라 할 수 있다.

불공평한 무역 문제에서도 우리 소비자들이 문제점이 어디에 있는지 분명히 인식하는 것은 매우 중요하다. 일본은 미국, 독일에 이어 세 번째로 커피를 많이 수입하는 나라다. 그런 의미에서도 구매자로서의 책임이 있다. 우리들이 소비활동을 통해 각자의 힘을 행사한다면 과도한 무역 불공평을 막을 수도 있다.

아프리카에는 발전도상국 중에서도 빈곤도가 높은, 연간소득이

750달러(하루에 약 2달러) 이하의 후발개발도상국(Least Developed Countries) 50개국 중에서 33개국이 집중해 있다. 그러면서도 인구는 9억을 넘는다.

2008년에는 요코하마에서 아프리카 개발회의가 열렸다. 어려운 재정 상황에서도 일본은 5년 동안 지구온난화 대책을 위해 약 100억 달러를 내놓았고 ODA*의 증액을 표명했다. 그러나 무엇보다 아프리카 각국이 자력으로 무역의 힘을 키워가는 것이 가장 좋은 방법일 것이다. 그래서 영화의 타이틀 'Black Gold'는 더욱 역설적이다. 과연 모든 이들에게 커피가 골드일까?

 공정 무역 커피 (Fair Trade Coffee)

커피의 주요 생산국인 제3세계의 가난한 커피 재배 농가에서 공정한 가격에 원두를 직매입하여 만든 제품을 말한다.

커피는 세계 무역 시장에서 큰 비중을 차지하는 품목(석유에 이어 두 번째 규모)이기 때문에, 세계의 여러 나라들이 커피의 수입에 많은 관심을 갖고 있다. 또한 작황 상태에 따라 가격 변동이 심한데, 생산량이 너무 많을 경우 가격이 폭락하고 반대의 경우에는 폭등한다. 그래서 몇몇 선진국들은 제3세계의 약소한 커피 생산 국가들을 상대로 종속관계에 가까운 불평등한 무역관계를 맺기도 했다. 이러한 무역 행태를 막기 위해 공정한 가격에 커피를 거래하여 그 수익을 농가에 돌려주자는 운동이 유럽에서 추진되었다.

질이 낮은 로부스타('코페아 카네포라'의 대표 품종. 세계 커피 생산량의 30~40%를 차지함)를 사용하지 않고, 값싼 아동의 노동력을 이용하지 않으며, 공정하게 거래되는 커피만 '공정 무역 커피'로 인정받는다. 생산지의 생태적 환경보존을 위해 친환경적인 재배 농법인 유기농 재배를 장려하고 있다.

오늘날의 많은 커피숍들과 업체들이 이미지의 제고를 위해 공정 무역 커피의 비율을 높이고 있는 추세이다.

새로운 어니센터로서의 아랍, 〈아라비아의 로렌스〉

- 원제 : Lawrence Of Arabia
- 제작 연도 : 2008년(완성판)
- 제작국 : 영국
- 원작 : T. E. 로렌스
- 감독 : 데이비드 린
- 출연 : 피터 오툴, 알렉 기네스, 오마 샤리프
★ 아카데미상(작품상, 감독상, 촬영상, 미술감독·장치상, 작곡상, 편집상, 음향상) 수상

처음 공개된 1962년에 아카데미 작품상을 비롯해 7개 부분을 수상한 역사적인 명작 〈아라비아의 로렌스〉가 2008년에 완성판으로 재차 개봉되었다.

피터 오툴이 연기하는 주인공 T. E. 로렌스는 영국 육군 출신의 군인이자 작가이기도 한 실존 인물이다. 그는 제1차 세계대전에서 터키의 압정에 시달리는 아라비아인들을 해방시킨다는 명분하에 다양한 전략을 구사하여 터키군을 격파해 나간다. 그리고 영국과 프랑스 사이에 아랍과 터키의 국토를 분할한다는 사이크스-피코 협정(Sykes-Picot Agreement)이 맺어져 있다는 사실을 알고 격분한다. 그러나 아라비아인 반란군이 영국군보다 먼저 다마스쿠스에 도착하면 반

• 정부개발원조. 선진국에서 개발도상국이나 국제기관에 하는 원조. 정부개발원조 대국인 미국과 일본은 액수로는 세계 1, 2위이지만 GNP 비율로 보면 각각 0.21%(17위), 0.31%(12위)로 여전히 낮다. 특히 일본의 ODA는 차관 원조가 대부분이어서 국익과도 연결되어 있다. 무상자금 원조 및 기술협력과 같은 변제를 요구하지 않는 ODA는 43%에 불과하다.

란군의 점령지를 모두 아라비아인들에게 양도한다는 제안 때문에 그는 서둘러 진격해 영국군보다 먼저 다마스쿠스를 점령한다.

로렌스는 다마스쿠스에 군정을 설치하고 새로운 정치를 시작하려고 했다. 그러나 아라비아인들은 자신만의 이익만을 주장하다가 결국에는 약탈품들을 가지고 떠나 버린다. 로렌스의 노력은 허사로 돌아갔다. 현재 중동 문제의 바탕이 되는 일부가 이 작품에 그려져 있다.

그 후 20세기에 들어서 아랍(중동)은 주요한 산유수출국이 되었다. 원유가격은 WTI* 선물가격에서 2008년 7월, 1배럴당 150달러 가까이 이르러 10달러대였던 약 10년 전보다 엄청난 폭으로 상승했다. 그 후로 어느 정도 안정을 되찾았지만 전 세계의 원유 대금(달러)이 주요 산유수출국인 아랍으로 쏟아져 들어왔다. 주로 석유를 통한 무역흑자는 정부가 출자하는 투자 펀드 SWF** 등을 통해 전 세계로 투자되었다.

투자의 목적은 두 가지다. 첫째는 이른바 금융시장에서의 운용이고, 둘째는 석유가 바닥난 이후의 아랍을 유지하기 위한 산업에 출자하거나 매수하기 위해서다. 예를 들어 클라이슬러 빌딩을 비롯한 부동산과 상업시설, 금융기관 등 전 세계에 적극적으로 투자하고 있다.

• 미국의 서부 텍사스 지역에서 생산되는 원유로, 영국의 북해에서 생산되는 브렌트유와 중동에서 생산되는 두바이유와 함께 세계 3대 유종으로 꼽힌다. 국제 원유가격을 결정하는 기준 원유다.
•• 정부가 출자하는 투자 펀드. 국부펀드라고도 한다. 석유와 천연가스 수출로 형성된 수입과 외화준비고를 바탕으로 출자되는 경우가 많다. 최근에는 세계적으로 자원가격의 급등으로 자원보유국의 비율이 높아지고 있다.

최근 일본에서는 두바이의 거품경기가 붕괴될 조짐이라는 정보가 종종 나도는데, 두바이는 다른 아랍국과는 상황이 다르다. 두바이는 현재 석유가 거의 산출되고 있지 않다. 그 때문에 토지를 담보로 한 대출금으로 인해 거품경제가 형성되었다.

　석유 수출을 통해 풍요로움을 손에 넣은 아랍은 지금 새로운 머니센터로 부상하고 있으며, 보유하고 있는 달러 자산은 미국의 달러와 경제를 지탱하고 있다고 할 정도다. 세계적인 불황의 여파로 아랍의 경제성장률이 떨어지고 석유가격이 하락한다고 해도 지금껏 축적해둔 대량의 자금 덕분에 전체적인 경제는 상당히 여유롭다고 볼 수 있다.

　아랍 각국은 일본인에게는 낯선 이슬람교도들이 대부분으로, 금융 분야에서도 특수한 이슬람 금융이 실시되고 있다. 일본과의 지리적인 위치로 보자면 '멀고도 먼 나라'라 할 수 있다. 그러나 아랍은 환경 문제에도 힘을 기울이고 있으며 미국에게도, 일본에게도 갈수록 중요한 존재가 되리라는 것은 분명하다.

아시아 경제통합은 일본을 빛낼 것이다, 〈춤추는 무뚜〉

• 원제 : Muthu
• 제작 연도 : 1995년
• 제작국 : 인도
• 감도 : K. S. 라비크마르
• 출연 : 라자나칸트, 미나, 사라트 바부

인도는 세계 제일의 영화대국이다. 연간 제작편수와 관객동원수에서도 최고를 자랑한다. 영화 제작의 본거지인 뭄바이는 할리우드에 빗대어 볼리우드(Bollywood)라고도 불린다. 인도 영화가 단숨에 일본에서 각광을 받게 된 계기가 바로 〈춤추는 무뚜〉(1995년)다. (2009년 아카데미 작품상 등을 수상한 〈슬럼독 밀리어네어〉는 인도를 인도식으로 그리고 있지만 실은 영국 영화다.)

주인공 무뚜(라지니칸트)는 대지주 라자의 저택에서 일하는 시종이다. 어느 날 여배우 랑가에게 한눈에 반한 주인에게 랑가를 데려오라는 명령을 받는다. 그런데 갖가지 소동이 벌어지는 가운데 무뚜와 랑가는 사랑에 빠지고 만다. 라자는 화가 나서 무뚜를 내쫓지만 어머니에게서 무뚜의 출생에 관한 놀라운 사실(좋은 이야기)을 듣고, 영화는 해피엔드로 막을 내린다.

인도 영화의 특징은 거의 대부분이 사랑과 웃음, 슬픔이라는 희로애락, 그리고 화려한 액션과 함께 다양한 요소들이 결합하여 마지막

에는 해피엔드를 맞이한다는 전형적인 줄거리를 지닌다. 이런 점은 일본의 사극과 매우 흡사하다. 할리우드 영화가 상큼한 와플 맛이라면 인도 영화는 이것저것 다 넣어 끓여낸 섞어찌개 같은 맛을 지닌 아시아적 분위기라서 보고 있으면 신나고 흥겹다. (마이클 잭슨은 자신의 춤에 인도 영화에 반드시 등장하는 군무를 삽입했다고 한다.)

인도의 인구는 약 12억(2007년)으로 세계에서 2위다. 1위는 약 13.5억의 인구를 지닌 중국이지만, 인구 증가율(2008년) 면에서는 중국의 0.63%에 비해 1.43%로 훨씬 높다. 1가정 1자녀 정책으로 인구증가의 임계점에 다다른 중국을 제치고 1위가 될 날도 머지않았다는 관측도 있다. 인구는 경제성장과 깊이 관련되어 있으니 언젠가는 인도가 아시아 제일의 경제대국이 될 것이라는 예상도 나오고 있다.

일본에 거주하는 인도인도 점차 늘고 있다. 외국인등록자 인구는 약 2만 천 명(2007년)이고, 도쿄 도내에는 약 6천 명이 살고 있으며 커뮤니티도 존재한다.

일본이 이번의 금융·경제 위기에서 탈출하려면 오랜 기간 강조하고 있는 내수시장 확대를 통해서는 기대가 어렵고, 그보다 인도를 비롯한 아시아 각국의 성장에 보조를 맞춰가는 것이 훨씬 유효하다는 지적도 있다. 그러기 위해서는 아시아 각국 경제와의 연계를 강화하여 무역자유화와 경제통합을 향한 흐름을 만들어가는 것이 중요하다.

그러나 경제통합을 통해서 얻을 수 있는 더 큰 효과가 있다. 아시아 각국과의 경제관계 강화, 즉 통합 과정에서 국민들은 다른 나라

와 자국의 정부를 비교하기 시작할 것이다. 개혁과 성장에는 '경쟁'이 필수라는 사실은 누구나 알고 있다. 그러나 유독 정부만은 수많은 국가들 사이에서도 유일하게 '독점' 기관으로서 존재하며 경쟁원리가 적용되지 않는 대상이다. 그러나 경제통합이 진행되면 상호간의 정보를 공유할 수 있게 될 것이고, 국민들이 아시아 각국의 정부 실태를 자국과 비교함으로써, 실질적인 경쟁 원리를 바탕으로 한 개혁이 진행될 수 있을 것이다. 유럽연합(EU)도 유사한 과정을 겪었다. 바로 이 점이 아시아의 경제 관계 강화에서 가장 기대되는 부분이다.

볼리우드

봄베이(Bombay)와 할리우드(Hollywood)의 합성어인 볼리우드(Bollywood)는 인도 뭄바이의 인기 있는 영화 산업을 일컫는 말로, 인도 영화 산업 전체를 통틀어 볼리우드라고 부르기도 한다. 볼리우드는 칸나다 영화단지, 말라얄람 영화단지, 콜리우드, 마라티 영화단지, 벵갈리 영화단지 등과 함께 인도의 영화 산업의 중심적인 역할을 하고 있다. 볼리우드의 티켓 판매량 및 영화 제작 횟수 등이 인도 내에서 최고인데, 연간 제작 편수가 300여 편 정도인 할리우드에 비해 볼리우드는 3배가 넘는 1천여 편 정도를 제작하고 있다. 2006년 18억 달러의 매출을 기록했고, 2010년에는 37억 달러 규모로 성장할 것으로 전문가들로부터 예측되고 있기도 하다. 자국민에게 큰 사랑을 받고 있기 때문에 제작 편수도 많을 수밖에 없다. 또한, 인도의 높은 경제성장률도 자국 영화 시장 발전에 한몫하고 있다.
볼리우드는 이러한 성장세를 바탕으로 할리우드 진출을 꾀하기도 한다. 뭄바이에 본사를 둔 인도의 유명 영화제작사인 '프라임포커스'가 2007년에 미국 LA에 위치한 '포스트로직스튜디오'와 '프란틱필름'을 4300만 달러에 인수해 미국 시장에 진출하기도 했다.

브라질 경제의 아킬레스건, 〈시티 오브 맨〉

- 원제 : Cidade Dos Homens/City Of Men
- 제작 연도 : 2007년
- 제작국 : 브라질
- 감독 : 파울로 모렐리
- 출연 : 더글라스 실바, 다를란 쿤하

〈시티 오브 맨〉은 브라질 리우데자네이루의 파벨라(빈민가)에서 생활하는 소년들의 성장 드라마다. 총을 든 소년들의 강도와 살인을 그린 충격적인 작품 〈시티 오브 갓〉의 제작팀이 만든 속편 격에 해당하는 영화다. 총과 폭력이라는 소재는 전편과 다름없이 그려지고 있지만, 이번에는 개인의 성장에 더 중점이 놓여 있다. 그럼에도 브라질의 치안이라는 어두운 문제를 내부로부터 그리고 있어 더욱 암울한 느낌을 준다.

브라질은 브릭스의 하나로 지목되면서 유명해졌다. 러시아(R), 인도(I), 중국(C)과 함께 경제성장이 눈부신 신흥국가의 하나다. 국토의 면적이 일본의 약 23배로 세계 제5위이며, 인구는 약 1억 9천 명(2007년)으로 역시 세계 5위의 대국이다. 철광석 등 광물 자원이 풍부해 천연자원의 혜택을 누리고 있다. 공업화를 이룩해 자동차 공업도 성장하여 세계 10위(이탈리아보다 상위)이고, 또 국책회사인 엠브라에르는 세계

적인 항공기 회사로 성장했다. 그리고 브라질은 남미관세동맹인 메르코스르*의 중심국이기도 하다.

일본과는 이민 역사에서 관계가 깊다. 2008년은 일본인의 브라질 이주 100주년이 되는 해다. 브라질에는 약 150만 명의 세계 최대의 일본계 사회가 존재하며, 해외에 거주하는 일본계 인구의 절반 이상을 차지한다.

앞에서도 언급했지만 브라질 경제의 아킬레스건이 이 영화의 주제이기도 하다. 다름 아닌 치안 문제. 실업자와 노숙자의 수는 엄청나고 범죄도 끊임없이 늘어나고 있다. 특히 상파울로와 이 영화의 무대가 된 리오데자네이로의 파벨라를 거점으로 한 범죄조직들의 세력 다툼과 자동소총이나 기관총, 수류탄을 사용하는 총격전이 끊임없이 발생하고 있다.

그런 의미에서 이 영화는 거의 실화에 가깝다. 일본계 기업의 소재지와 일본인 거주 지역에서도 흉악범죄가 발생하고 있다. 최근에는 금품과 차량을 강탈하기 위해 총기로 협박해서 납치하고 빼앗은 다음 교외로 끌고 가서 풀어주는 '단시간 유괴'도 빈번하게 발생하고 있다.

일본계 기업의 중역들은 회사 사무실과 자택을 제외하고는 늘 경호원과 동행한다고 한다. 이처럼 불안정한 치안은 기업 활동, 즉 경

• 남미공동시장. EU와 같은 남미의 자유무역시장으로서 역내의 관세철폐와 공통관세 실시를 목적으로 1991년 파라과이에서 아르헨티나, 우루과이, 파라과이, 브라질 4개국이 조인하고, 1994년 12월에는 4개국 정상들이 브라질에 모여 최종 의정서에 조인하고 1995년에 발족했다. 베네수엘라를 비롯해 남미 전체 인구의 약 70%에 해당하는 2억 6천만 명이 참가하고 있다.

제 활동에 마이너스가 될 것이다.

광공업과 농업을 통해 착실하게 성장하던 이 경제대국도 현재는
세계적인 불황의 영향을 받고 있다. 브라질이 치안 문제 등에서 어
떤 방식으로 곤경을 헤쳐 나갈지 주목된다.

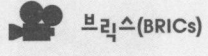 브릭스(BRICs)

2003년 미국의 유명 투자회사인 골드만삭스의 짐 오닐이 보고서에서 처음 사용한
용어이다. 2000년대 이후 급속한 경제성장을 나타내고 있는 브라질(Brazil), 러시아
(Russia), 인도(India), 중국(China)의 영문 앞 글자를 따서 명명한 것이 브릭스(BRICs)
이다. 2003년 무렵이 되면 이들 국가들은 세계 최대의 경제규모를 자랑하는 국가로 변
모하게 될 것이라고 경제전문가들이 짐 오닐의 보고서에서 전망했다.
브라질은 국민의 20%가 농업에 종사하는 '농업국가'인데, 설탕, 오렌지, 커피 등의 생
산량이 세계 1위이며, 쇠고기 및 대두 생산량은 세계 2위, 옥수수, 담배, 닭고기 생산량
은 세계 3위를 차지하고 있다. 브라질은 1차 오일쇼크 이후에 석유 의존도를 줄이기 위
해 에탄올 산업을 육성하기도 했는데, 현재는 미국에 이어 2위 규모의 에탄올 생산국
이 되어 있다. 러시아는 브라질을 압도하는 풍부한 에너지자원, 우주 항공 분야의 선
두에 설 정도의 높은 과학기술 등으로 세계의 투자자들의 이목을 끌어 모으고 있으며,
지속적인 경제개혁이 이루어지고 있기도 하다. 인도는 IT기술의 발달과 풍부한 자원 등
이 발전 동력으로 꼽히고 있으며, 중국은 큰 영토와 풍부한 노동력을 바탕으로 성장하
고 있다. 하지만 브라질의 성장세가 잠시 주춤한 추세이고, 러시아는 2009년에 BRICs
에서 제외되기도 했다.

유럽의 중심이 되고 있는 파리, 〈아멜리에〉

- 원제 : Le Fabuleux Destin D'Amelie Poulain
- 제작 연도 : 2001년
- 제작국 : 프랑스
- 감독 : 장 피에르 주네
- 출연 : 오드리 토투, 마티유 카소비츠

〈아멜리에〉는 '아멜리 풀랭의 믿을 수 없는 운명'이라는 원제에서 알 수 있듯이, 흔히 알고 있는 프랑스 영화와는 다른 뉴 타이프의 프랑스 영화다. 우선 비현실적인 색조의 화면에 매혹된다. 빨강, 초록, 노랑이라는 세 가지 색깔을 기조로 한 복고적인 분위기와 음악만으로도 꿈 같은 느낌에 젖어들 수 있다.

이야기도 초현실적이고 옛 동화 같은 분위기다. 폭력과 범죄를 다룬 영화가 많은 가운데 〈아멜리에〉는 인간의 행복을 주제로 삼고 있어 더 특별하다. 앞만 보고 달려야 하는 사회에서 피로를 느끼는 사람들에게 꼭 추천하고 싶은 작품이다.

파리의 몽마르트의 카페 드 물랑(〈물랑루즈〉의 영향인가?)에서 일하는 아멜리아는 표면적으로 보면 냉정한 아버지와 신경질적인 어머니 밑에서 성장했다. 그래서인지 '야심에 찬 피곤한 행복'보다는 '주변 3미터의 소박한 행복'을 소중히 여기는 여성이다. 예를 들어 크렘 브릴레

의 살짝 구워진 표면을 깨트리는 것에서 행복을 찾기도 한다.

스물세 살의 아멜리에는 영국의 다이애나 황태자비의 사고 뉴스를 들은 이후로 주변의 누군가를 행복하게 하는 일에서 기쁨을 발견한다. 하지만 타인의 행복만을 생각하느라 오히려 자신의 행복을 위해서는 선뜻 나서지 못하는 성격이다.

그럴 때 부드러운 미소를 지닌 청년 니노를 만나게 되면서 아멜리에는 마음을 다해 사랑하는 서툴지만 순수한 여성으로 변화해간다. 니노는 유원지나 포르노숍에서 일하는데, 미소 띤 얼굴처럼 멋지고 소박한 남성이다. 결국 두 사람은 주위의 축복을 받으며 행복하게 맺어진다. 인상적인 라스트 신에서 물엿을 만드는 기계가 오랫동안 비쳐지는데, 그것은 막대기가 두 개 존재하기 때문에 물엿이 잘 만들어질 수 있음을 상징적으로 보여준다. 인생에서 서로가 진심으로 끌리는 운명적인 만남은 아멜리에처럼 자연스럽게 나타나는 법이다. 초조해 한다고 될 일은 아니다.

영화의 무대는 필자도 무척이나 좋아하는 파리. 파리라는 이름은 고대에 이곳에 살던 켈트족 '파리시이(Parisii)인'에서 유래했다고 한다. 고대 도시는 일반적으로 강과 함께 발전해 왔으며 파리 역시 센 강을 중심으로 번성했다.

〈아멜리에〉는 파리 몽마르트를 무대로 전개되는데, 몽마르트는 피카소, 고흐, 드가, 로트렉과 같은 위대한 예술가들이 지내던 곳으로 예술적 향기가 짙은 곳이다.

원래 영국(런던)이 유럽 경제의 중심이었지만 유럽의 경제와 통화의

통합으로 유로가 탄생하면서 양상은 달라졌다. 경제와 금융 면에서도 프랑스(파리)가 유럽의 중심이 되고 있다는 평가가 지배적이다. 파리의 GDP(2005년)는 약 4,600억 달러. 세계에서 다섯 번째로, 런던을 뛰어넘은 유럽 최고의 수치다. 프랑스계 기업이나 기관이 영국계를 매수하거나 흡수하려는 움직임도 보인다. 파리에는 국제적 대기업의 본사들이 상당수 자리를 잡고 있어,《포춘 500》(2008년)에서는 도쿄에 이어 세계에서 두 번째로 세계적인 대기업의 본사가 많다고 소개하고 있다. 관광도 프랑스의 중요한 산업으로, 그중에서도 파리는 프랑스에서 가장 많은 관광객이 찾는 도시다.

그리고 유럽 금융의 중심적 존재인 유럽중앙은행(ECB)의 총재는 프랑스 중앙은행의 총재를 역임한 장 클로드 트리셰다. 영국이 자국의 파운드를 유로에 통합시키지 않은 것과, 결과적으로 최근 유로에 비해 가치가 크게 하락한 것도 상징적인 사건이다.

과도한 인구집중은 경제적인 마이너스, 〈섹스 앤드 더 시티〉

- 원제 : Sex And The City
- 제작 연도 : 2008년
- 제작국 : 미국
- 감독 : 마이클 패트릭 킹
- 출연 : 사라 제시카 파커, 킴 캐트럴, 신시아 닉슨, 크리스틴 데이비스,
  제니퍼 허드슨, 캔디스 버겐

미국 최대의 케이블TV HBO가 1998년부터 2004년까지 방송한 인기 드라마 시리즈를 영화한 것. 일본에서도 열성팬을 확보하고 있는 블랙코미디다. (필자도 팬이다.) 뉴욕에 사는 네 여성(캐리, 사만다, 미란다, 샬롯)의 약간 고급스러우면서 패셔너블한 일상이 그려진다. 뉴욕의 영화관에서는 〈인디아나 존스〉 이상으로 뜨거운 반응이었다고 한다.

주인공 캐리(사라 제시카 파커)는 베스트셀러 서적을 출판하면서 더욱 유명해진다. 성공의 계기가 된 신문의 칼럼(칼럼 제목이 'Sex And The City') 연재를 그만두고 현재는 패션잡지《보그 USA》에 글을 쓰고 있다.

연인 빅과도 순탄한 관계를 유지하면서 머지않아 결혼할 예정이다. 한편 친구들도 각자 고민들을 안고 있으면서도 하루하루 열심히 살아간다. 인생은 동화처럼 흘러가지 않지만 네 사람의 우정은 언제까지나 변함이 없다. 뉴욕을 무대로 한 발랄하고 패셔너블한 영상도 영화의 매력. 드라마 밖에서도 사라 제시카 파커는 패션 리더가 되

었다.

8백만 명이 넘는 인구를 안고 있는 영화의 무대 뉴욕은 미국 최대의 도시로 뉴욕증권거래소(NYSE)와 원유선물 WTI로 대표되는 뉴욕상품거래소(NYMEX) 등이 있으며, 세계의 경제, 금융, 유행, 오락, 문화의 중심지다. (하지만 인구 분야에서는 도쿄를 이길 수 없다.) 뉴욕은 도시계획에 따라 건설되어 도심에서 15킬로미터만 벗어나면 인구밀도가 급격하게 떨어진다. 국제연합의 자료(2007년)에 따르면 근접 도시를 포함한 대도시권 인구에서 도쿄권이 약 3,500만 명으로 1위를 차지하고 있다. 2~5위의 도시들은 3위의 뉴욕을 포함해 모두 1,800만 명대인 것을 감안한다면 도쿄의 인구밀도는 현저하게 높다.

도쿄에 거주하는 사람이라면 최근 들어 출퇴근 시간의 혼잡이 더욱 격화되고 있다는 느낌을 받을 것이다. 전차를 이용해 출퇴근을 하면, 차내의 혼잡 때문에 회사에 도착하면 벌써 녹초가 되어 있는 경우도 있다. 타인과의 밀착도가 크다 보니 불황이라는 악조건과 상호작용을 하는 탓인지 차내의 트러블도 급격하게 늘고 있다. 과도한 인구집중이 도쿄의 경제활동을 약화시키고 있다는 느낌을 지울 수가 없다.

그러나 이 영화의 주인공들은 뉴욕 중심부 맨해튼에 살면서도 출퇴근 전쟁과는 무관한 생활을 하기 때문에(출퇴근 장면을 본 기억이 없다) 만원 지하철은 상상도 할 수 없을 것이다.

뉴욕증권거래소(NYSE)

미국 뉴욕 시에 있는 증권거래소이며, 달러 총액 기준으로 세계 최대 규모를 자랑한다. 'Big Board'라는 별명을 가지고 있으며, 1792년에 증권매매업자들이 연방정부채 매매 위탁수수료율을 월가에서 협의한 것이 뉴욕증권거래소의 시초이다. 정식으로 '뉴욕증 권거래위원회'라는 이름을 붙이고 활동한 것은 1817년부터이며, 1863년부터 '뉴욕증 권거래소'라는 이름을 사용하기 시작했다.

초기였던 1861년 무렵에는 활발하게 전개되던 상업 활동 덕분에 증권시장이 성장세를 보였으나 1929년에는 과도한 투기로 인해 금융 공황과 세계 대공황의 단초를 마련하 기도 했다. 이후 증권거래위원회와 정부의 감시 등의 조치가 취해졌으며, 증권과 은행 이 분리되었다. 1861년과 마찬가지로 1960년 무렵에도 전쟁(2차 세계대전) 후의 높은 투자심리 덕분에 NYSE에는 상당한 돈과 기업이 모여들었으며, 현재에 이르기까지 세 계 최대 규모를 자랑하는 증권거래소로 성장했다.

아키펠라고 홀딩스(Archipelago Holdings)와 유로넥스트(Euronext)가 합병하여 설립 한 NYSE Euronext에 의해 운영되는 NYSE는 빠르고 안정된 전자 증권 거래 방식을 사용하고 있다. 구매자와 판매자 모두를 위한 합리적인 가격을 제공하도록 설계된 경 매 환경에서 투자자들은 효율적인 가격 탐색을 할 수 있다. 2007년 1월 24일에는 몇몇 고액 주를 제외하고 나머지를 전자 혼성 시장(Hybrid Market)을 통해 구입할 수 있게 시스템이 바뀌어, 소비자들이 훨씬 더 빠르고 안정되게 주문을 할 수 있다.

월스트리트(Wall Street) 11번가에 위치하고 있는 트레이딩 룸(Trading room)은 원활 한 거래를 위한 기능을 다하고 있으며, 5개의 방으로 이루어져 있다. 본관은 브로드 스트리트 18번가에 위치하고, 국가 문화재(National Historic Landmark)로 1978년에 지정되기도 했다.

4. 환경문제의 시네마 경제학

환경은 중요한 경제문제, 〈불편한 진실〉

- 원제 : An Inconvenient Truth
- 제작 연도 : 2006년
- 제작국 : 미국
- 감독 : 데이비스 구겐하임
- 출연 : 엘 고어
- ★ 엘 고어는 1948년생. 지지 기반은 테네시 주. 1993년부터 2001 년까지 클린턴 정권의 미국 부통령. 아카데미상(장편 다큐멘터 리 영화상, 주제가상) 수상. 환경문제 계발에 대한 공헌을 인정받 아 2007년 노벨 평화상을 수상했다.

〈불편한 진실〉의 주인공 엘 고어(Al Gore)는 1948년생으로 1993년부터 2001년까지 미국의 부통령을 지냈으며, '정보 슈퍼하이 웨이 구상'* 추진으로 미국 혁신을 촉진하면서 미국 경제번영의 기초 를 닦았다.

대통령 선거에서 패배한 후 엘 고어는 자신의 생생한 목소리로 지 구온난화 문제를 전파하는 활동을 시작했다. 지금까지 전 세계에서

천 회 이상 슬라이드를 통한 강연을 해왔다고 한다. 사실 환경문제는 금리나 경기보다 훨씬 더 중요한 경제문제일 수 있다. 최근 환경을 둘러싼 논의가 활발하다. 신문에는 환경과 관련된 기사가 반드시 실려 있다. 이러한 분위기 속에서 친환경 정책이나 지구온난화 방지를 외치는 구호들을 내거는 기업들이 늘고 있다.

이 다큐멘터리 영화의 주장은 아주 간단하다. '지구는 온난화 때문에 파멸로 치닫고 있다. 그것을 막기 위해 행동하자.'라는 것이다. 출연은 엘 고어 한 사람이지만, 미국에서는 다큐멘터리 영화사상 기록적인 흥행을 거두었다. 환경문제에는 여러 가지가 있지만, 그중에서도 가장 큰 관심을 모으고 있는 것이 지구온난화일 것이다. 일본에서도 마찬가지지만, 미국에서도 지구온난화가 진행되어 최근 뉴욕의 기온이 화씨 100도(섭씨 약 38도)를 넘겼다. 그 원인으로 지적되는 것이 이산화탄소(탄산가스)를 대표로 하는 온실효과 가스의 배출이다. 배출된 이산화탄소가 지구의 상공을 둘러싸고 적외선(열)을 막아버린다는 것이다(온실효과). 그 결과 기후도 급격하게 변화하고 있다. 지구가 온난화되면 해수면에서 수증기의 증발이 증가하여, 우선 태풍이 대형화된다. 사실 일본을 포함한 아시아의 각 지역에서 태풍으로 인한 피해가 매년 증가하고 있다. 수증기의 증발이 증가하는 것은 해수면뿐만이 아니다. 토양에서도 많은 수증기가 빼앗기면서 토지 또한 건조해지고 있다. 그래서 산불도 자주 일어난다. 즉, 폭우와 가뭄

• 미국의 모든 컴퓨터를 광케이블을 이용한 고속 통신회선으로 연결하겠다는 구상. 1993년 클린턴 정권이 발족하면서 시작되어 전국적인 정보 인트라 정비에 노력을 기울였다.

이 함께 증가하는 추세다.

온난화가 진행되면 식물과 동물의 생태계에도 커다란 영향을 끼친다. 사스와 조류인플루엔자의 만연도 그 때문이라는 설이 있다. 가장 심각한 것은 해수면의 상승이다. 앞으로 50년 후면 남극의 빙하가 녹아 세계의 대도시가 대부분 수몰할 것이라는 설도 있다.

그 환경(문제)과 경제·금융을 연결하는 구조의 하나가 '교토의정서'에 제시된 배출권 거래다. 간단히 말하면 CO_2 등을 일정량 배출하는 권리를 매매한다는 것인데, 삭감한 배출량이 매매의 대상이 된다. 금융상품화를 통해 사회 전체와 깊은 관계를 맺게 할 수 있다. 특히 거래소에서 배출권의 가격을 공적으로 결정하는 기능은 매우 중요하다. 그에 따라 경제·기업의 계획에 포함시킬 수 있기 때문이다.

필자는 1990년대 초반 시카고에서 선물거래에 종사했는데, 그 즈음에 배출권의 거래도 시작되었다. 사실 미국은 배출권 거래 분야의 선진국이다. 배출권 전문 거래소인 시카고기후거래소(CCX)도 존재한다. 최근에는 배출권 거래와 환경문제 대응에서 유럽이 중심시장이 되었지만, 그 중심에 있는 유럽기후거래소(ECX)는 시카고기후거래소 관계자들의 노하우를 바탕으로 조직되었다. 현재는 지주회사의 관련 기업이 되어 있다.

예전에는 환경문제의 해결과 경제성장은 공존하지 않는다는 생각이 지배적이었다. CO_2의 배출 감소가 경제 활성화를 저해한다고 생각되었다. 그러나 최근 성장하는 기업은 환경문제에 관심을 기울이는 기업이다. 이른바 친환경 제품을 내놓는 기업들이 주목받고 있

다. 구체적인 예를 들자면 요즘 각광을 받고 있는 하이브리드차가 대표적인 것이다. 이 영화에서는 하이브리드차 등 환경문제에 노력을 기울이고 있는 도요타와 혼다는 친환경 기업으로 높은 평가를 받아 성장하고 있는 데 반해 대응이 부적절한 포드와 GM은 그 반대라고 이야기한다. 미국 정부의 배기가스 규제는 일본이나 중국에 비해 느슨한 편인데, 소비자는 규제 이상의 것을 요구하고 있는 셈이다(소비자는 현명하다). 즉, 환경문제 해결을 위한 노력이 기업의 가치 향상으로 연결되고 있다. 하긴 본질적으로 보자면 지구환경이 심각하게 악화할 경우 기업은 경영 자체가 불가능하다.

덧붙여 이야기하자면, 자동차 업계에서는 하이브리드와 어깨를 나란히 하는 환경대응책으로서 디젤을 거론한다. 디젤 엔진 자동차는 가솔린 엔진 자동차에 비해 이산화탄소 배출량이 적기 때문이다. 이 분야에서도 기술혁신을 통해 환경에 대한 영향을 최소한으로 줄일 수 있는 차가 만들어지고 있다. 유럽을 방문해 본 사람들이라면 느낄 수 있었겠지만, 환경의식이 높은 유럽을 달리는 자동차의 60%는 이미 디젤 자동차다.

이처럼 강한 문제의식을 가지고 그것을 기준으로 상품과 기업의 본질을 파악하고 판단하는 사람들이 많다. 앞으로의 기업 경영자들은 최소한 의식 있는 소비자들에게 지지 않을 만큼 문제의식을 가지고 있어야 할 것이다. 이처럼 환경문제는 소비자를 의식하는 기업들이 솔선해서 해결해가려고 할 것이다. 더욱이 미국의 오바마 정권도 환경 산업을 경기회복의 중요한 수단으로 삼는 '클린 뉴딜' 정책을

실천할 것이다.

환경문제에 관심이 있다면 첫 단계로서 이 영화를 추천한다. 연속적으로 등장하는 충격적인 장면들 때문에 틀림없이 환경문제에 대한 새로운 인식을 가질 수 있을 것이다.

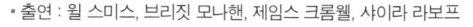

경영과 고용 그리고 자연 파괴의 오류, 〈아이, 로봇〉

- 원제 : I, Robot
- 제작 연도 : 2004년
- 제작국 : 미국
- 원작 : 아이작 아시모프
- 감독 : 알렉스 프로야스
- 출연 : 윌 스미스, 브리짓 모나핸, 제임스 크롬웰, 샤이라 라보프

〈아이, 로봇〉은 아서 C. 클라크와 어깨를 나란히 하는 SF의 거장 아이작 아시모프의 《아이, 로봇》을 원안으로 한 작품이다.

무대는 2035년의 시카고. 윌 스미스가 시카고의 형사로 등장한다. 지금의 시카고 강을 매립한 곳에 영화의 주 무대가 되는 US로보틱스의 본사가 있다.

영화에서 로봇, 특히 인형 로봇은 이미 인간 사회와 공존하면서 없어서는 안 될 존재가 되어 있다. 인간에게 위해를 가하지 않는다,

인간의 명령에 복종해야 한다, 앞의 두 항목을 위배하지 않는 한 자신을 지켜야 한다는 '로봇 3원칙'이 입력된 로봇은 인간에게 안전한 존재로 등장한다. 그러나 두 가지 문제에서 로봇은 인간과 대립하기 시작한다.

우선 로봇이 인간의 고용을 빼앗는다고 하는 문제다. 여기서 연상되는 것은 최근의 기업 평가다. 기업 평가에서는 기본 사고방식으로 '규모는 작게, 수익은 높게'라는 평가 기준이 자주 거론되는데, 예를 들어 백 명이 1억 엔의 수익을 올리는 기업과 만 명이 1억 엔의 수익을 올리는 기업 중, 어느 쪽을 더 높이 평가할 것인가 하는 문제다. 현재의 기준에서는 적은 인원으로 동일한 수익을 올리는 기업을 더 높이 평가하는 경향이 있다.

그러나 경제에 가장 큰 영향을 미치는 것은 다름 아닌 고용이다. 그래서 개인적으로는 만 명의 기업을 더 높게 평가하고 싶다. 만 명이나 고용하는 상태에서 1억 엔의 수익을 올리고 있다는 사고방식이 더 필요하지 않을까? 로봇을 최대한으로 활용하는, 다시 말해 인간을 백 명만 고용하는 기업들만 존재한다면 실업률은 나날이 증가하기만 할 것이다. 그 결과 경제 전체가 축소되고 악화될 가능성이 있다. 그렇게 되면 본말전도가 아닐까?

또 하나의 문제는 로봇은 인간에게 위해를 가하지 않는다고 하지만, 예를 들어 로봇 스스로 전쟁을 하거나 자연을 파괴하여 로봇 3원칙을 위배할 수도 있다는 것이다. 이것이 로봇이 반란을 시작하는 이유다. 지극히 논리적인 추론이다. 다시 말하면 인간이란 모순적인

존재인 것이다. 전쟁도, 자연파괴도 돌고 돌아서 결국은 인간 자신을 고통스럽게 만든다.

사람들은 미래보다는 현재를 중요하게 여기면서 지금의 안정이 가장 중요하다고 생각한다. 발전도상국들은 빈곤 때문에 소중한 자연을 파괴하여 돈을 벌어들이거나 전쟁을 한다. 하루하루 살아가는 일이 힘에 겨워 미래를 생각할 여유가 없다고 생각한다.

고용이나 자연파괴 문제는 지극히 사회적인 문제이므로 경제 전체의 입장에서 파악해야 한다.

 기계파괴운동

정체불명의 지도자 '네드 러드'에 의해 1811년부터 1817년 사이에 영국의 직물공업지대에서 일어났던 기계파괴운동으로, 기계를 통한 산업혁명으로 인해 직장을 잃거나 실업난에 시달리게 된 노동자들(그중에서도 직물공업 관계자인 수공업자와 숙련노동자)을 중심으로 전개되었다. 지도자의 이름을 따 러다이트 운동(Luddite Movement)이라고 불리기도 했다.

자신들을 '기술 파괴 게릴라'라고 칭했으며, 밤이 되면 가면으로 얼굴을 숨기고 밖으로 나와 기계들을 때려 부쉈다. 이들 중 일부가 군인들에 의해 살해되었으며, 이로 인해 많은 이들이 큰 폭동을 일으키기도 했다. 결국 정부는 주동자 네드 러드를 교수형에 처했고, 러다이트 운동은 더 이상 활성화되지 않았다.

지구온난화는 곧 지구의 비만화, 〈월—E〉

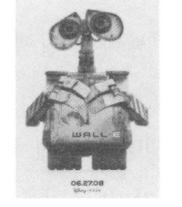

• 원제 : WALL—E
• 제작 연도 : 2008년
• 제작국 : 미국
• 감독 : 앤드류 스탠튼
★ 아카데미 장편 애니메이션 영화상 수상

〈월—E〉는 CG애니메이션 영화 제작에 탁월한 미국 픽사의 작품이다. 픽사는 현재 월트 디즈니의 자회사가 되어 있지만, 전신은 〈스타워즈〉를 제작한 루커스필름이다. 장편은 일 년에 한 편 정도밖에 만들지 않지만, 최근 〈토이 스토리〉, 〈니모를 찾아서〉, 〈라따뚜이〉 등 수준 높은 작품들을 선보이고 있다. 〈월—E〉는 픽사의 2008년 애니메이션 작품으로, 도쿄국제영화제에서도 소개되었다.

시대 설정은 29세기. 인류는 환경 악화가 심화되어 더 이상 살 수 없게 된 지구를 버리고 벌써 700년째 우주의 다른 행성에서 살고 있다. 월—E는 쓰레기를 처리하는 로봇으로 언제나 스위치가 켜져 있는 상태로, 혼자 지구에 남아 각종 쓰레기들을 처리하고 있다. 그러던 어느 날 지구에 나타난 클리오네처럼 생긴 신형 조사 로봇 이브를 만나 사랑에 빠진다. 이브에게 문제가 발생하면 온 힘을 다해 구하러 간다. 한편 너무 오래 안락한 생활만을 구가한 나머지 혼자서

는 움직일 수 없을 만큼 비대해진 인류가 지금까지의 시간을 반성하고 자아에 눈뜨며 다시 지구로 돌아오려고 한다.

지구의 환경 악화, 특히 온난화가 인류의 큰 문제라는 것은 모두가 아는 사실이다. 식물이 모두 흡수할 수 없을 만큼 많은 이산화탄소를 배출해서 발생한다는 지구온난화는 인간이 소비할 수 없을 만큼 과도한 에너지를 섭취해 비만이 된 것과 동일한 상황이다. 비만은 당장 생명을 잃게 하지는 않지만 큰 병의 원인이 된다. 지구온난화도 마찬가지다. 인류의 생활습관은 개선될 필요가 있다. 이를테면 지구온난화도, 인간의 비만도 생활습관에 의해 생겨난 병이다.

지금 세계의 경제는 '백 년에 한 번 올까 말까' 하는 불경기로, 인간으로 치자면 거의 빈사 상태다. 이런 때 비만 따위를 치료(지구온난화 대책)하고 있을 여유는 없다는 분위기도 있지만, 경기란 항시 굴곡이 있게 마련이고 불황이 영원히 지속되지는 않을 것이다. 하지만 비만은 치명적인 상태로까지 진행되면 처음으로 되돌릴 수 없다. 건강과 마찬가지로 끊임없는 노력이 요구된다.

싱겁해지고 있는 물 문제, 〈007 퀀텀 오브 솔러스〉

- 원제 : Quantum Of Solace
- 제작 연도 : 2008년
- 제작국 : 영국/미국
- 감독 : 마크 포스터
- 원작 : 이안 플래밍
- 출연 : 다니엘 크레이그, 주디 덴치, 올가 쿠리렌코

영국 정보국 비밀정보부(현 SIS, 옛 MI6)의 요원 제임스 본드가 활약하는 시리즈 제22탄이 〈007 퀀텀 오브 솔러스〉다. 제6대 본드는 처음으로 금발의 푸른 눈을 지닌 다니엘 크레이그다. 3부작의 두 번째에 해당하는 작품으로 1부의 마지막으로부터 1시간이 지난 후부터 이야기가 진행된다는 설정이다.

007시리즈는 그동안 동서 문제, 정보 조작, 무기상인, 스페이스 셔틀, 자원 문제, 스텔스, 금가 조작 등 시대를 앞서가는 주제들을 다루어왔다. 그리고 아주 오래전부터 본드의 상사인 M은 여성이다. 그와 같은 선견지명이 1962년부터 이어지는 롱런의 비결일 것이다.

전편에서 애인을 잃은 본드는 개인적인 복수심에 괴로워하면서도 자신에게 부여된 임무를 철저하게 수행한다. (전편과 마찬가지로 액션이 대단하다.) 본드는 새로운 비밀 조직의 음모를 알아채고 오스트리아와 이탈리아로 건너간다. 또 냉혈한 도미닉 그린이 남미의 어느 정부를 전복

하고 천연자원을 노리고 있다는 것을 알게 된 본드는 그것을 저지하기 위해 현지에 잠입한다.

이 작품의 주제는 한마디로 환경문제, 그것도 수자원의 문제다. 환경문제라고 하면 지구온난화가 우선 머리에 떠오르지만, 사실 물 부족과 수질오염 문제는 인류의 생존과 관련된 문제로 대두되고 있다. 그런 점에서 오히려 지구온난화보다 더 시급한 문제일 수 있다. 이산화탄소 배출량에 대한 규제 다음으로 물 문제에 대한 규제가 제기될 가능성도 있다.

지구온난화에 따른 가뭄 때문에 농업용수를 확보하는 과정에서 발생한 지하수 고갈도 문제지만, 국제연합의 보고서에 따르면 전 세계에서 약 12억의 사람들이 안전한 물을 마실 수 없는 상태라고 한다. 일본도 여름에는 물 부족 현상이 나타나고 있다. 해수를 담수로 만드는 데는 아직 막대한 비용이 요구되는 상황이므로 마시는 물 문제는 생각보다 훨씬 심각하다.

그러고 보면 '우주선 지구호'라는 말은 참으로 적절한 표현이다. 말 그대로 물의 순환적 재생이 요구되는 현실이 당연한 흐름인 것이다. 세상은 진화하고 있다. 싱가포르에서는 재생 플랜트에서 정수된 하수처리수가 공업용수나 상수도로 재활용되고 있으며, 국회와 공공기관에서는 NEWater라는 브랜드의 음료수로 이용되고 있다. 물은 제2의 석유라는 말에서 알 수 있듯이 이목이 집중되는 비즈니스 아이템이다.

국제우주스테이션(ISS)에서는 벌써 물의 재생 장치가 설치되어 실험

이 진행되고 있으며, 오줌으로도 음료수를 만들 수 있다고 한다. 성분에서는 하자가 없다고 하나 감정적인 거부감이 없을 수 없다.

어쨌든 지금으로서는 물을 비롯한 자원의 낭비를 막는 것이 무엇보다 시급하다. 지금 우주선 지구호는 모든 영역에서 금기라는 단어를 방패 삼아 방관하고 안주할 수만은 없는 단계에 들어섰다.

 뉴워터(NEWater)

싱가포르에서는 물 부족 현상을 최소화하기 위해 하수를 정화해 '새로운 물(NEWater)'로 만드는 사업을 시행하고 있다. 뉴워터를 간단하게 설명하자면, 마이크로필터, 역삼투압, 자외선 기법 등의 이중막(dual membrane)을 통해 정화된 하수가 저수지의 물과 섞여 공급되는 '재활용 물'이라고 할 수 있다.

다른 국가에서도 일반적으로 시행하는 정수작업에 뉴워터는 3단계의 작업공정을 더 거친다. 그 첫 번째 단계가 미세여과 장치를 통과시켜 걸러내는 작업이다. 큰 알갱이들이 이 단계에서 걸러지면, 역삼투압 장치를 통과시키는 2단계 작업으로 이어져 작은 알갱이들이 걸러진다. 중금속과 바이러스 등이 걸러진 이 물은 3단계인 자외선 소독까지 거쳐 완전히 깨끗한 물이 되는데, 이 물을 저수지에 부어 광물질을 함유한 상태로 만들면 '뉴워터'로 재탄생된다.

현재 뉴워터 공장은 베독(Bedolk), 셀레타(Seletar), 크람지(Kramji), 울루 판단(Ulu Pandan)에서 운영중이다. 이들 처리장은 매일 3억 2천3백만 갤런 수준의 물을 생산하여 일부는 물 제조공장으로, 그리고 또 산업용수로 사용이 되며, 나머지는 생활용수로 사용되기 위해 저수지로 보내진다.

바닷물을 담수화하는 작업이나 인근 국가(말레이시아 등)에서 물을 사들이는 비용이 상당하기 때문에 그 대안으로 시작했던 뉴워터 사업은, 미래에 물 부족 국가가 될 것으로 경고 받고 있는 많은 국가들에게 좋은 답안이 되고 있다.

5. 시네마 경제학 — 이론편

스필버그가 원안을 마련하고 제작 총지휘를 맡은 만큼 논리
적이고 설득력 있는 스토리의 액션영화다. 무대는 시카고. 거리의 게
시판과 TV의 화면, 신호등 등 세상의 모든 테크놀로지를 손에 넣은
채 비밀에 휩싸인 여성 아리아(ARIA)로부터 보통의 시민인 남녀 주인
공 두 사람에게 엄청난 지령들이 휴대전화를 통해 계속해서 내려온

100

다. 그 지령에는 범죄행위까지 포함되어 있고 심지어는 국가기밀과도 얽혀 있다. 아이가 유괴된 상황이라 두 사람은 아리아의 명령을 거역할 수도 없는 처지다. 워싱턴으로 향하는 동안 FBI와도 관계되면서 비밀에 휩싸인 여성의 계획을 저지하려는 움직임이 시작된다.

주인공 제리를 연기한 샤이아 라보프는 최근 〈트랜스포머〉, 〈인디아나 존스 : 크리스탈 해골의 왕국〉과 같은 대작 영화에 출연한 배우로, 잘생긴 외모가 아니라서(실례!) 오히려 매력적인, 장래가 촉망되는 배우다.

컴퓨터라는 기계는 정해진 전제조건하에서 최대한의 성과를 도출할 수 있도록 대응 방식이 입력되어 있는 물건이다. 그 때문에 컴퓨터는 계산 잘못이나 부정을 일으키지는 않지만, 인간적인 감각으로 보자면 지나칠 만큼 냉정할 때도 많다.

케인즈의 스승이자 근대 경제학의 시조라 할 수 있는 영국의 경제학자 알프레드 마샬(1842년생)은 마흔두 살에 케임브리지대학 정치경제학 교수의 취임식에서 경제학의 가장 핵심적인 사고방식은 "Cool Head Warm Heart(냉정한 머리와 따뜻한 마음)"라고 연설했다. 당시의 영국은 산업혁명의 여파로 직장과 집을 잃은 노숙자들이 증가하면서 런던에도 슬럼가가 형성되고 있었다. 마샬은 학생들을 데리고 나가 그들을 구제하는 것이 경제학의 목표라고 설명하면서, 자신과 같은 사고를 지닌 인재들을 키워내는 데 애썼다고 한다. 물론 노숙자들을 돕는 일, 즉 사회적 고난을 해소하는 것만이 경제학의 목표는 아닐 것이다. 중요한 것은 경제정책 전반에 흐르는 따뜻한 마음, 즉 인간의

피가 통하는 마음이다.

요즘 들어 금융시장이 혼란을 겪으면서 전 세계는 불황의 늪에 빠졌다. 더구나 경제정책이 적용해야 할 상대는 다름 아닌 인간이다. 그러니 마샬이 강조했던 '따뜻한 마음'을 잊지 말았으면 한다. 단, 부정과 태만, 부도덕한 행위에 대해서는 철저히 단죄해야 할 것임은 말할 것도 없다.

 경제학원리(Principles of Economics)

알프레드 마샬의 책으로 1890년에 초판이 나왔고, 1961년에 9판까지 간행되었다. (9판은 조카인 W.길보가 수정 및 내용 추가를 하였다.)
18세기 산업혁명의 후폭풍으로 19세기의 영국은 불평등한 분배와 실업난, 유물론적 사고의 팽배로 인한 인간성 붕괴 등 자본주의 경제 시스템의 부작용을 겪었다. 마샬은 이러한 자본주의 경제의 모순을 이 책에서 지적하였으며, 소득분배의 불평등을 '경제적 기사도정신(Economic Chivalry)' 즉, '돈'과 '도덕 감정'을 공통으로 중시하는 경영 정책으로 극복할 수 있다고 하였다. 경영자의 재산 확대뿐만 아니라 고용자에 대한 올바른 분배에도 의미가 있음을 역설한 것이다.
〈경제학원리〉는 경제학에 대한 기초개념과 경제학 원리의 방법론을 정리한 1·2편, 효용이론에 기초를 둔 수요이론에 대해 다룬 3편, 공급이론에 관해 언급한 4편과 수급균형에 따른 가격이론에 대해 다룬 5편, 소득분배론에 대해 다룬 6편으로 구성되어 있다.
영국 한계주의 경제학과 신고전학파 경제학 등이 이 책의 영향을 크게 받았으며, '소비자', '생산자', '잉여', '탄력성' 등의 개념은 지금도 중요한 경제학 용어로 사용되고 있다.

경제를 움직이는 것은 감정,
〈노인을 위한 나라는 없다〉와 〈맘마미아!〉

〈노인을 위한 나라는 없다〉
• 원제 : No Country for Old Men
• 제작 연도 : 2007년
• 제작국 : 미국
• 감독 : 조엘 코엔, 에단 코엔
• 출연 : 토미 리 존스, 하비에르 바르뎀, 우디 해럴슨
★ 〈노인을 위한 나라는 없다〉는 아카데미상(작품상, 감독상,
   남우조연상, 각색상) 수상. 하비에르 바르뎀은 스페인 배우로
   서는 처음으로 아카데미상(남우조연상) 수상. 감독 코엔 형
   제는 〈파고〉로 아카데미상(각색상)을 수상한 바 있다.

〈맘마미아!〉
• 원제 : Mamma Mia!
• 제작 연도 : 2008년
• 제작국 : 영국/미국
• 감독 : 필리다 로이드
• 출연 : 메릴 스트립, 아만다 사이프리드, 콜린 퍼스, 피어스 브
   로스넌
★ 〈맘마미아!〉는 제작 총지휘에 톰 행크스와 아바의 베니 앤
   더슨과 비요른 울바에우스가 참여했다.

   2008년 미국 아카데미 작품상을 비롯해 4개 부문에서 영
광을 차지한 〈노인을 위한 나라는 없다〉는 1996년에 이미 〈파고〉로
아카데미 각본상을 수상한 코엔 형제 감독의 작품이다.
   무대는 80년대의 텍사스. 베트남전의 퇴역군인이 우연히 거액의
돈을 손에 넣게 되면서 냉혹한 살인청부업자(하비에르 바르뎀)에게 쫓기는

신세가 된다. 감정(emotion)이 전혀 없는 살인청부업자가 자아내는 공포와 긴박감은 영화를 보는 내내 절로 식은땀을 흐르게 할 정도다. 코엔 형제의 치밀한 심리 묘사가 관객들을 매료시킨다.

감정이라는 단어에서 연상되는 것 중의 하나가 3개월에 한 번씩 일본은행이 공표하는 '일본은행 단관(전국 기업 단기 경제관측조사)'이라는 경제지표다. 이것은 일본은행이 기업들을 대상으로, 향후의 경기가 좋아질 것인지 나빠질 것인지에 대한 '느낌'을 직접 물어보고 조사해서 작성한 것이다. 이것이 실제로 꽤 맞아떨어지기도 하는데, 그 이유는 경제 분야에서도 인간의 감정과 심리가 중요하게 작용하기 때문이다. 사람들은 활기찬 감정이 없으면 당연히 소비하지 않는다. 경기는 기업이든 개인이든 지갑을 열게 해서 소비를 고조시킬 수 있다면 좋은 쪽으로 진행될 수 있다.

종래의 경제학에서는 인간은 감정과 심리에 좌우되지 않고 단기간이든 장기간이든 변함없이 이익(profit) 극대화를 위해 합리적(rational)으로 사고한다는 전제하에서 출발한다. 그러나 인간의 행동은 실제로 그렇지는 않다. 인간은 감정적인 동물이기 때문에 때로는 비합리적인 행동을 하기 마련이다.

이 영화에 등장하는 살인청부업자의 행동은 현실과 괴리감을 느끼게 하지만, 전혀 감정을 개입시키지 않고 목표를 향해 나아가는 점에서는 무척이나 합리적이다. 미국의 대니얼 카너먼 교수는 감정이 경제에 미치는 영향이 크다고 하는 행동경제학(Behavioral Economics) 연구를 통해 노벨상을 수상했다.

반대로 한껏 명랑하고 밝은 영화가 〈맘마미아!〉다. 전 세계에 공연되어 엄청난 흥행을 기록한 동명의 뮤지컬을 영화화했다. 스웨덴의 전설적인 팝 그룹 아바(ABBA)의 히트곡들이 영화의 전편에 흐르고 있다.

에게 해에 떠 있는 그리스의 작은 섬에 사는 싱글맘 도너(메릴 스트립)의 딸 소피(아만다 사이프리드)는 결혼식을 앞두고 있다. 소피의 은밀한 소원은 한 번도 본 적이 없는 아버지의 손을 잡고 결혼식장에 들어가는 것이다. 소피는 아버지를 찾기 위해 몰래 엄마의 일기장을 읽고, 옛날 같은 시기에 엄마와 관계를 맺은 '아버지일 가능성이 있는' 세 명의 남자들(콜린 퍼스, 피어스 브로스넌, 스텔란 스카스가드)에게 청첩장을 보낸다. 도입부만으로도 슬며시 눈살이 찌푸려지는 이야기다. 하지만 이 뮤지컬 영화는 터무니 없을 만큼 명랑하고 즐겁기만 하다. 기분전환을 위한 최고의 영화다.

지금 세계는 백 년에 한 번 찾아온다는 큰 불황에 빠져 있다. 말할 것도 없이 마음까지도 어둡다. 일본의 고대 문헌에서 '경기(景氣)'라는 단어가 처음으로 등장하는 것은 가모노 초메이*의 《호조키》라고 한다. 원래의 뜻은 글자 그대로 '마음의 경치(모양)'로, 심리적인 색채가 강하다. 《호조키》에서는 '산중의 경기 그때마다 다함이 없다(산속의 모습은 사계절마다 싫증나는 일이 없다).'고 표현되어, 보는 이의 심리적인 감정이 이입된 모습(분위기)으로 등장한다.

• 헤이안 시대부터 가마쿠라 시대의 가인이자 수필가. 1212년에 완성된 〈호조키(方丈記)〉는 한문과 일문이 혼용된 문예의 시조로 평가된다. 일본 3대 수필의 하나로 유명하다.

현재의 경제학적 사고로 간단히 말하자면, 경기(경제성장)를 측정하는 것은 GDP(국내총생산)로, 이를테면 국내에서 물건이 얼마나 구입되고 투자되었는가 하는 것을 가리킨다. 행동경제학에서 밝혔듯이 미래에 대한 긍정적인 기대를 가질 수 없을 때 사람들은 돈을 쓰지 않는다. 병은 마음에서 생긴다는 말도 있다. 우선은 긍정적인 마음가짐이 절실하게 필요하다. 영어의 'depression'이라는 단어는 '공황'과 '우울'을 동시에 가리키는 말이다.

　〈맘마미아!〉는 전 세계적으로 흥행에 성공했고, 특히 영국에서는 (경기악화가 두드러진 탓인지) 〈타이타닉〉을 제치고 역대 최고의 흥행수입을 기록했다. 미래가 불투명한 지금, 전 세계의 모든 사람들은 불안한 경기를 말끔하게 잊게 만들어 주는 '기분전환 효과'를 본능적으로 바라고 있는지도 모르겠다.

 행동경제학(behavioral economics)

경제활동을 인간의 실제적인 행동 심리에 대입하여 연구한 경제학. 어느 학문보다 현실과의 관련성이 깊고 그 이론을 직접 도입하여 효과를 얻을 수 있어야 하는 것이 경제학이지만, 기존의 많은 경제학이 이론적인 발전을 이룩했음에도 불구하고 실제 경제 시장에 도입했을 때 제 구실을 하지 못했다. 그것은 사람이 갖는 감정적, 사회적, 인지적인 이유에 의해 경제학 이론이 설명하지 못하는 방향으로 행동하기 때문이며, 이러한 인간의 심리를 연구하는 심리학을 경제학에 도입한 것이 바로 행동경제학이다. 행동경제학은 이성적으로 판단하여 행동하는 경제인을 전제로 했던 기존의 경제학 연구가 실제에서 맞지 않는 이유를 다양한 인간의 심리에 관련된 실험 연구를 통해 밝히고, 경제학의 새로운 모델을 제시하였다.

허버트 알렉산더 사이먼(Herbert Alexander Simon)

독일계 미국인인 그는 행동경제학 연구의 단초를 제공한 인물이다. '제한된 상황에서의 의사 결정 모델에 관한 이론'을 담은 〈조직론〉을 통해 1978년 노벨 경제학상을 수상했다. 그는 제한된 상황에서의 인간은 인지능력의 한계를 가지고 있다는 관점을 가지고 있었기에, 주류 경제학이 가정하는 합리성과 그 체계를 비판했다. 사이먼이 처음 이러한 주장을 했을 때에는 그의 논점이 완벽하게 정리되지 않았었고, 모델화가 어려웠으므로 당대의 학자들에게 인정받지 못했으나 후에 행동경제학 형성에 큰 영향을 끼친다. 1942년부터 7년 동안 일리노이대학교 교수를 지내고, 1949년부터 카네기멜론대학 경영학·행정학 교수를 역임하였으며, 1967년 컴퓨터학 및 심리학 교수를 지냈다.

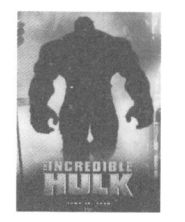

뇌 기능으로 경제를 읽어낸다, 〈인크레더블 헐크〉

- 원제 : The Incredible Hulk
- 제작 연도 : 2008년
- 제작국 : 미국
- 감독 : 루이스 리테이어
- 출연 : 에드워드 노튼, 리브 테일러, 팀 로스, 윌리엄 하트

〈인크레더블 헐크〉의 주인공 헐크는 마블 코믹스에서 만들어낸 아메리칸 히어로다. 〈헐크〉는 TV드라마와 영화로도 만들어졌으며 애니메이션으로도 등장한 유명 캐릭터다. 2003년에도 오리지널 스토리를 바탕으로 영화로 만들어졌듯 최고의 인기를 구가하는 인물이다.

브루스 배너 박사(에드워드 노튼)는 실험 중의 실수로 엄청난 감마선에 노출된 다음부터 분노하거나 심장박동수가 200을 넘으면 2.7미터의 녹색 거인 헐크로 변신하는 체질로 변하고 만다. 그 때문에 헐크는 브라질에서 은둔생활을 하면서 능력을 숨기고 살아간다.

그런데 헐크로 변신하는 비밀을 알게 된 군인 출신의 테러리스트(팀 로스)가 똑같은 수법을 통해 괴인 어보미네이션으로 변신한 다음 뉴욕을 습격한다. 브루스 박사는 애인 베티(리브 테일러)와 뉴욕을 지키기 위해 헐크로 변신하고 위기에 맞선다. 이해하기 쉽고 심플한 스토

리와 특히 악에 대항해 분노하는 캐릭터는 스트레스 해소에도 최적이다. 덕분에 헐크는 마블 코믹스 중에서도 가장 인기 높은 히어로다.

인간은 일반적인 사고를 할 때는 대뇌의 전전두엽(이성뇌)이 작동하지만, 불합리한 대우를 받고 있다는 느낌을 받으면 대뇌의 변연계(정동뇌)가 작동한다고 한다. 이 부위는 동물에게서 공통적으로 나타나는 기능이다. 즉, 화가 나면 동물적인 투쟁 본능이 고개를 쳐드는 것이다.

이러한 뇌의 기능에 주목한 것이 이른바 신경경제학(Neuroeconomics)다. 예를 들어 앞으로 하게 될 쇼핑에 대해서는 냉정하게 판단할 수 있지만, 바겐세일에서는 충동구매를 하게 되는 비합리적인 소비 패턴을 이해하고 분석하는 데 중요한 단서를 발견할 수 있다. 감정이 중요하게 작용하는 행동경제학을 더욱 심화시킨 학문이라 할 수 있다.

〈헐크〉에서 볼 수 있듯 감정은 때로 합리성을 초월한다. 그것은 인간이 태어날 때부터 지니는 천성으로서, 뇌가 지니는 하나의 기능이라고 한다. 그것을 경제학의 한 분야로서 연구하는 것이 신경경제학이다. 즉 마음의 움직임에서 뇌의 움직임으로 진행된 경제학으로서, 합리적 인간이란 감정이 없는 인간이 아니라 자신의 감정을 조절할 수 있는 인간이라는 사고방식이 정착되고 있다.

그러나 아메리칸 코믹스 중에서도 이 같은 감정적인 부분을 제거하고 합리적 행동만으로 일관하는 등장인물이 있다. 그것이 〈스타트

렉)에 등장하는 미스터 스포크다. 단, 스파크가 발칸족과 인간의 혼혈이라는 점을 감안한다면 순수한 지구인이 그 같은 행동을 하기에는 무리가 있을지도 모르겠다.

1. 통화제도의 시네마 경제학

우주통화를 통해 통화의 통합을 배우다, 〈스타워즈〉

- 원제 : Star Wars Episode IV—A NEW HOPE
- 제작 연도 : 1977년
- 제작국 : 미국
- 감독 : 조지 루카스
- 출연 : 마크 해밀, 해리슨 포드, 캐리 피셔, 알렉 기네스

〈스타워즈〉가 처음 공개된 것은 1977년, 지금으로부터 벌써 32년 전의 일이다. 필자가 중학생 때다. 영화관에서 처음부터 끝날 때까지 "이것이 미국 영화구나!" 하는 생각에 가슴을 두근거리며 봤던 게 엊그제 같다.

〈스타워즈〉는 "아주 먼 옛날 은하계 저편에……(A long time ago in a galaxy far, far away……)"라는 자막과 함께 감동적으로 시작하는데 경제학적으로 경이로운 점이 있다.

영화에서는 곳곳에 화폐가 등장한다. 놀랍게도 통화는 이미 통일되어 '공통우주통화'라는 것이 유통되고 있다. 통화의 단위는 좀 유치하게도 '크레디트'라는 것. 유럽연합의 유로만 해도 그토록 힘겨운 일이었는데, 우주(은하계) 전체라니 그저 놀라울 따름이다. 참고로 덧붙이면 영화에서 한 솔로는 빚에 쫓기는데, 그 액수는 만 7천 크레디트다.

국제경제학에서는 통화를 통합하는 데 순서가 있다고 한다. 우선 '무역(물건)의 자유화'를 통해 물건의 왕래가 자유로워져야 한다. 이렇게 무역이 활발해지면 경제적 연계가 강화되는 것이다. 그 다음으로 '자본(돈)의 자유화'를 통해 금전적인 측면의 관계도 강화해 나가는 것이다. 사람의 왕래도 자유화되면서 최종적으로 '통화'가 통합되는 것이다. 통화의 통합은 유로의 경우에서 볼 수 있듯, 금리의 인상 및 인하와 같은 금융정책이 통일화되기 때문에 경제적 괴리가 있으면 안 된다.

그런데 〈스타워즈〉에서는 이 같은 순서가 지켜지지 않는다. 영화속의 회의에서 문제가 되는 것은 통상동맹, 즉 무역이다. 무역을 건너뛰고 통화가 통합되었으니 지금까지의 교과서적인 국제경제학으로는 생각할 수 없는 일이다.

그러나 필자는 이 같은 경우가 있어도 좋다고 생각한다. 가장 좋은 예가 바로 아시아다. 아시아의 경제통합이나 경제공동체에 대한 논의는 활발한데 비해 진척은 무척 느린 편이다. 그것은 아시아의 인종, 언어, 종교, 역사 등이 다양한 것도 하나의 원인이지만, 통합하고

자 하는 의지가 약하기 때문이라고 생각한다. 유럽은 제2차 세계대전이라는 비극을 함께 겪었다. 그 원인 중의 하나로 유럽 각국이 작은 나라로 각각 분리되어 있어 경제적으로도 분단되어 있었기 때문이라는 설도 있다. 그렇기 때문에 유럽은 두 번 다시 같은 참극을 겪지 않기 위해서 경제와 통화의 통합을 굳건한 목표로 삼았던 것이다. 행동경제학에서 밝혔듯 인간을 움직이게 만드는 가장 큰 요인은 '감정'이고, 거시 경제를 움직이는 것은 공통적으로 지니는 감정, 즉 컨센서스(consensus)다.

아시아에는 금융 경제의 비극적 체험이 하나 있다. 그것은 '아시아 통화위기'다. 우리 모두가 그 같은 비극적 체험을 두 번 다시 겪고 싶지는 않을 것이다. 그 덕분에 보기 드물게 아시아권의 경제협정도 성립했다. 즉, 통화와 자본 분야에서 공통의 비극적 체험을 겪은 만큼 '감정의 일체'를 이룰 수 있었고, 거기서부터 경제적 통합을 시작하는 것이 가장 바람직하다. 그 다음에 FTA와 같은 무역 협정에 대응해나가면 되는 것이다. 유럽이 굳은 각오로 경제와 통화의 통합에 엄격한 기준을 설정하고 국내의 경제개혁을 진행해 나갔음을 우리는 기억해야 한다.

아시아통화기금(Asian Monetary Fund)

전 세계적인 금융 위기에 대처하기 위한 기구인 국제통화기금(International Monetary Fund)과 같이, 아시아 지역의 금융 연쇄 붕괴 현상을 막고 단기 투기성 자본의 폐해를 막기 위해 1998년 9월 홍콩에서 열린 IMF 총회에서 논의된 기구이다. IMF의 긴급 금융지원에는 한계가 있기 때문에 아시아 국가 간의 추가적인 지원을 위해서는 AMF가 필요하다는 의견하에 추진되었으나, AMF의 출범을 통해 일본이 아시아 지역 내에서 경제적 우위를 확보할 것이라고 내다본 중국과 IMF를 주도하던 미국의 반대가 컸기 때문에 추진 과정에서 어려움을 겪었다. 그러나 중남미 지역 경제 위기가 발생했을 때 IMF 지원은 그 한계를 나타냈고, 이를 지켜본 동남아의 국가들이 AMF의 필요성에 대해 공감하기 시작했다. 2007년 5월 5일 일본 교토에서 열린 아세안(the Association of Southeast Asian Nations, 동남아 국가 연합) + 한·중·일 재무장관회의에서 13개 회원국들은 사실상 아시아통화기금 설립에 합의했다.

　아시아개발은행(ADB)에 따르면 아시아 33개국이 보유한 외환이 전 세계 중앙은행이 보유한 외환의 절반 이상을 차지한다고 한다. 98년 이전까지 5000억 달러 규모였으나 각지에서 발생한 외환 위기를 지켜본 아시아 각 국가들이 이에 대비하기 위해 돈을 이곳저곳에서 끌어 모았고, 2002년에는 1조 달러 수준까지, 그리고 2006년 말에는 2조 2776억 달러 수준까지 보유하게 되었다. 넘치는 외환 보유는 AMF 설립에 더 큰 동기를 부여하고 있다.

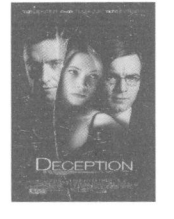

세계적인 스타, 이완 맥그리거와 휴 잭맨 주연의 수준 높고 관능적인 러브 서스펜스 영화다. 뉴욕의 평범하고 고독한 회계사 조나단(이완 맥그리거)은 어느 날 4천 달러짜리 고급 정장을 멋지게 차려입은 핸섬한 변호사 와이어트(휴 잭맨)를 만나면서 부유층을 대상으로 하는 비밀 클럽에 가입하게 된다. 세상의 때에 물들지 않은 성실한 조나단은 점차 여성들과의 정사에 탐닉하게 되고 섹시하고 미스터리한 아름다움을 지닌 여자와 만나면서 금융 범죄에 휘말리게 된다.

여기서 일어나는 금융 범죄의 핵심은 미국에서 스페인으로의 송금(환율·결제) 수법이다. 글로벌화한 금융에서 돈은 전 세계를 넘나들며 움직인다. 회계사는 금요일 오후에 회사의 돈을 빼돌려 미국에서 스페인 은행으로 송금한다. 미국과 스페인의 시차 때문에 월요일 아침 스페인 은행에서 돈을 인출할 때, 미국은 아직 일요일이므로 시간적 여유가 생기는 것이다.

전 세계를 넘나드는 통화는 세계 어디에서나 사용 가능한 '기축통화'가 많다. 2006년에 화폐 유통량에서 달러를 추월한 유로가 달러를 대신하는 기축통화의 지위를 엿보고 있다.

그러나 유로는 이번의 금융·경제 위기에서 문제점을 드러냈다. 그 때까지는 환율에서도 유로 강세가 계속되고 있었지만 유로 약세로 뒤바뀌고 말았다. 유로의 문제점은 유럽의 중앙은행인 ECB(유럽중앙은행)가 존재는 하지만 각국(정부)이 서로 분리되어 있어서 금융·경제 정책에서 기동성이 떨어진다는 점이다. 그 때문에 기축통화로서 달러의 지위가 재확인되었다는 시각도 있다.

원래 통화란 인간이 개발한 가장 유익한 것 중의 하나로서, 인류는 통화 덕분에 물물교환의 세계에서 벗어날 수 있었다.

일본의 모든 통화(지폐)에는 '일본은행권'이라는 글자가 박혀 있다. 다시 말해 일본은행의 사채(社債)라 할 수 있다. 다만, 일반적인 사채(빚)와 달리 금리나 변제기한이 없다. 그러나 정부가 발행하는 국채에는 금리도 변제기한도 존재한다. 통화와 국채를 비교했을 경우 통화 쪽의 경제적 부담이 현격하게 적다는 것을 알 수 있다.

더 정확히 말해 만 엔권 지폐를 인쇄하는 데 들어가는 비용은 얼마 되지 않는다. 제조업 관점에서 단순히 말하면, 제조하는 데 소요되는 비용과 실제 통용될 때의 가치의 차액 9천 엔 이상의 금액은 이를테면 당국의 수익인 셈이다. 이것을 통화 발행을 통해 얻는 주

조차익, 즉 시뇨리지(Seigniorage)라고 한다(이것은 국민의 세금 같은 것이라 할 수 있다)

옛날에는 적자 재정 상태에서 세금이 부족하면 지폐 증쇄에 기대려는 경향이 있었다. 이 같은 지폐의 수익은 국민들이 알아채기 어렵기 때문이다. 제2차 세계대전이 발생하게 된 원인의 하나가 바로 통화 남발과 그 결과로 나타난 하이퍼인플레이션 때문이었다. 당시 독일의 연간 물가상승률은 거의 1조 배였다고 한다. 현재 일본 재정은 초(超) 적자 상태이다. 심각하게 주의를 기울일 필요가 있다. 그 때문에서 일본에서도 중앙은행을 정부와 분리해서 독립시키고 있다.

정부가 직접 발행하는 정부지폐(government note)의 문제점이 바로 이것이다. 정부지폐를 발행하고 싶다면 정정당당하게 절차를 밟아 국채를 발행하거나 통화를 발행하는 것이 바람직하다. 일반 국민들이 알기 어려운 안건은 결코 실행하지 않아야 한다는 것이 대전제 조건이다.

또한 발행하는 통화가 기축통화일 경우, 그것은 국내에서만 유통되는 것이 아니다. 전 세계적으로 유통되기 때문에 인플레이션이 발생할 가능성은 희박해진다. 미국에서 발행하는 백 달러짜리 고액권은 수출용이라고 한다. 미국 내에서 사용할 수 있는 지폐로는 20달러권으로 제한되어 있어 50달러 이상의 지폐는 사용할 수 없게 되어 있다.

거꾸로 일본의 엔화를 생각해보자. 일본 정부는 '엔화의 국제화' 정책을 추진하고 있지만, 2006년의 외화준비 잔고는 영국의 파운드

에도 미치지 못해 엔화는 세계 4위의 통화다. 아시아에서는 중국의 성장하는 무역과 급속한 경제성장으로 위안화의 사용이 증가하고 있다. 앞으로 엔화는 어디까지 추락할 것인가? 무역적자국이 되어버린 일본 경제의 앞날을 암시하는 듯해 불안한 기분이 든다.

사무라이본드(Samurai Bond)

본드는 채권을 말하는데, 자국 통화가 기축통화인 미국(Yankee bond, 양키본드), 영국 (Bulldog bond, 불독본드)과 함께 국제 금융시장에서 큰 영향력을 가진 일본이 발행하는 채권이 사무라이본드이다. 외국 정부나 일본에 거주하지 않는 외국 기업이 일본의 채권시장에서 발행·판매하는 외국채로, 엔화(円貨)로 발행한다. (양키본드와 불독본드도 비슷한 개념으로, 양키본드는 달러화, 블독본드는 파운드화로 발행한다.)
정부나 기업이 장기적으로 이용할 큰 자금을 보유하기 위해 발행하는 경우가 많기 때문에 보통 5년 이상의 장기채가 많다. 일본 국채금리 기준으로 이율을 계산하며, 원리금 상환 및 지급 시에 엔화로 계산한다.
일본 정부에서 발행하는 일본채권은 주로 국내에서 유통되는 양이 많고, 사무라이본드는 국제적으로 유통되는 것이 일반적이다.
일본과의 거래가 많은 아시아의 국가들은 차관을 도입하는 것보다 채권 발행으로 자금을 마련하는 방법이 자금 동원에 있어 더 수월하므로 사무라이본드 발행을 선호한다.

사랑을 애교하는 금, 〈오스틴 파워3 : 골드멤버〉

- 원제 : Austin Powers In Goldmember
- 제작 연도 : 2002년
- 제작국 : 미국
- 감독 : M. 제이 로치
- 출연 : 마이크 마이어스, 비욘세, 마이클 케인, 노부 마츠히사,
  마시 오카

　환각적이면서 조금은 유치하고 어이없는 영화로, 다운된 기분을 끌어올리는 데는 최고인 영화다. 〈오스틴 파워3 : 골드멤버〉에서 마이크 마이어스는 오스틴 파워스, 닥터 이블, 팻 바스타드, 골드멤버라는 1인 4역을 해낸다(코미디에서는 한 사람이 여러 배역을 맡는 경우가 많다). 3편의 여주인공 폭시 클레오파트라는 여자들도 좋아하는 그룹 '데스티니스 차일드' 출신의 비욘세.

　줄거리는 네덜란드인 골드멤버와 함께 악행을 일삼는 닥터 이블을 오스틴 파워스가 척결한다는 단순한 내용이다. 이번에는 아버지 나이젤 파워스(마이클 케인)가 등장해 오스틴의 출생의 비밀이 드러나는데, 오스틴이 닥터 이블과 형제라는 사실이 밝혀진다. 참고로, 영화에 등장하는 영국 첩보기관은 M16으로서 제임스 본드가 소속해 있는 조직이다. 애초에 이번 이야기는 〈007〉의 패러디라 볼 수 있다. 줄거리에 신경 쓰지 말고 가벼운 마음으로 즐기는 것이 이 영화의

관전 포인트.

이 영화의 가장 큰 볼거리는 카메오이다. 위트를 사랑하는 배우들은 짧은 시간 출연하는 카메오로 많은 작품에 등장하곤 한다. 이 영화에 등장하는 카메오는 내가 아는 한 최대이자 최고의 출연진이 줄을 잇는다. 톰 크루즈, 기네스 팰트로, 스티븐 스필버그, 케빈 스케이시, 대니 드비토, 퀸시 존스, 브리티니 스피어스, 존 트라볼타 등등, 나오는 사람들 모두가 최고의 골드멤버들이다. 특히 초반 10분은 스크린에서 눈을 뗄 수 없을 정도다. 일본인도 등장하는데, 미국에서 가장 유명한 요리사인 마츠히사 노부유키는 일본 로봇사의 사장과 스모 경기의 심판 역할을 맡고 있다.

또한 명작들에 대한 오마주도 곳곳에 등장한다. 오마주(hommage)란, 명작의 일부를 영화의 한 장면으로 등장시키는 것을 가리킨다. 모두 열거할 수는 없지만 재미있는 장면으로는 〈007 두 번 산다〉를 베이스로 한 일본의 모습. 조조지*와 함께 후지산과 스모가 등장한다. 외국인들이 생각하는 상투적인 신비로운 일본이 그려진다. (참으로 식상하다!)

영화의 제목에도 들어간 '골드(金)'는 신비로운 매력 때문에 그 자체로도 사람들을 사로잡는다. 인류의 긴 역사에서도 금은 세계 어디에서나 가치 있는 것으로 여겨져 왔다.

금은 광물로서도 고도의 성질을 지니고 있다. 예를 들어 광물 중

• 일본 도쿄에 있는 사찰로 1393년 창건. 일본 정토종 불교의 본산으로 우에노에 있는 간에이지(寬永寺)와 함께 도쿄의 2대 사찰로 알려져 있다.

에서도 가장 가늘게 가공할 수 있다. 그 때문에 미사일이나 로켓에도 금이 많이 사용된다. 고대에는 이 같은 금의 광물적 성질 때문에 가치를 인정받았다.

금이 통화나 국채와 다른 점은 통화나 국채는 국가와 연결되어 있지만, 금은 그 자체만으로도 가치가 있다는 것이다. 금이 지닌 그러한 가치 때문에 과거에는 금본위제라는 국가 통화제도를 지탱하는 토대로서 채택되어 왔다. 변화하지 않는 가치 덕분에 경제적으로도 주목을 받아 가격도 상승했다. 최근의 금융·경제 위기 때문에 각국의 경제가 악화되자, 투자가들이 각국의 통화를 구매하는 대신, 국가와 분리되어 보편적인 가치를 지닌 금을 구매하는 경향을 보이기 때문이다. 〈007 골드핑거〉나 〈다이하드 3〉, 그리고 일본 영화 〈센과 치히로의 행방불명〉에서도 금은 중요한 역할을 하고 있다. 금은 사람을 현혹하는 매력이 있다.

그러나 필자가 〈오스틴 파워스〉에서 말하고 싶었던 것은 금에 대한 것이 아니다. 엔딩 롤이 오르면서 버트 바카락이 부르는 'What The World Needs Now Is Love'에 그 답이 있다. 그것이 더욱 두드러지도록 '금'이라는 소재를 일부러 '저속하게' 사용하고 있다. 노래의 한 소절을 소개하면 이렇다. "세상에서 단 하나 모자란 것이 있어. 세상이 사랑을 원하고 있어. 부드러운 사랑을. 이 세상 누구에게나." 이 노래만이 오스틴 파워 시리즈에서 변함없이 사용되고 있다.

2. 시장·투기의 시네마 경제학

수요와 공급이 가격을 결정한다, 〈007 골드핑거〉

• 원제 : Goldfinger
• 제작 연도 : 1964년
• 제작국 : 영국
• 감독 : 가이 해밀톤
• 출연 : 숀 코너리, 거트 프로브, 해롤드 사카다
★ 특기사항 : 아카데미 음향효과상 수상. 숀 코너리는 〈언터처블〉로
          아카데미 남우조연상 수상.

  스코틀랜드 출신의 1대 제임스 본드인 숀 코너리가 주연으로
등장한 007시리즈 세 번째 작품으로, 시리즈 최고의 걸작으로 평가
된다.
  007시리즈의 인기 요인은 탄탄한 플롯뿐만이 아니다. 제임스 본드
는 스파이임에도 어떤 순간에도 자신의 이름을 당당히 밝힌다. 소문
난 바람둥이에 본드걸과의 로맨스는 약속처럼 빠짐없이 등장한다.
이 작품에서는 시한폭탄을 멈추면 타이머가 7초 전인 007을 가리키

는 등 팬들을 즐겁게 하는 볼거리들이 곳곳에 숨어 있다.

　이번 시리즈에서 특히 강렬한 인상을 남기는 인물은 칼날을 숨긴 중산모의 살인청부업자 해롤드 사카다다. 그의 이름이 말해주듯 일본계로 미국에서 활약하던 악역 프로레슬러였다.

　오로지 금만을 사랑하는 남자 골드핑거. 그는 미국에 저장된 금(당시 세상의 80%의 금이 미국에 있었다는 설도 있다)을 방사능으로 오염시켜 사용할 수 없게 한 다음 자신이 보유한 금의 가격을 올리려는 계획, 즉 그랜드슬램을 계획한다.

　당시의 국제통화제도는 금본위 고정환율제−브레튼 우즈 체제*−로서 그 중심에 위치하던 미국의 경제도 최고 절정기에 있었다. 세계 대부분의 금이 미국에 있었고, 그것이 달러의 가치를 뒷받침해 주고 있었다. 실제 미국의 연방금괴보관소는 영화에 등장하는 켄터키 주의 포트녹스에 있었고, 영화에서는 미국의 대부분의 금이 그곳에 보관되어 있다는 설정이다.

　골드핑거의 계획이 종래의 범죄와 확연히 구분되는 것은 그가 수요와 공급의 경제학적 관계에 착안했다는 점이다. 말하자면 공급, 즉 유통량을 줄이면 가격은 상승한다는 시장 원리다. 스코틀랜드 출신으로 경제학의 아버지라 불리는 아담 스미스는 그 같은 경제 기능을 '보이지 않는 손'이라고 표현했다.

---

* 브레튼 우즈는 미국 뉴햄프셔주 북부에 위치한 도시. 1944년에 열린 국제통화금융회의를 통해 국제통화기금(IMF)과 국제부흥개발은행(IBRD)이 설립되어 미국 달러 중심의 고정환율제도를 축으로 한, 소위 '브레튼 우즈 시스템'이 탄생했다. 이 시스템은 1971년 닉슨 쇼크로 붕괴될 때까지 제2차 세계대전 이후의 세계 경제를 이끌었다.

총량에서 80%가 감소한다면 가격은 엄청나게 뛸 것이다. 단순히 물건을 훔치는 범죄와는 발상부터가 다르다.

시간이 흐른 뒤 브루스 윌리스 주연의 〈다이하드 3〉에서도 아주 흡사한 방식이 사용되었다. 〈다이하드 3〉에서 금괴보관소로 설정된 지역은 월스트리트 근처의 뉴욕 연방준비은행이었다.

해운지수가 나타내는 경기의 전망, 〈타이타닉〉

- 원제 : Titanic
- 제작 연도 : 1997년
- 제작국 : 미국
- 제작·감독·각본 : 제임스 카메론
- 출연 : 레오나르도 디카프리오, 케이트 윈슬렛
- ★ 전 세계의 흥행수입이 약 18억 4천만 달러였으며, 아카데미상 11개 부문(작품상, 감독상, 촬영상, 주제가상, 음악상, 의상 디자인상, 시각효과상, 음향효과상, 음향상, 편집상, 미술상)을 수상했다.

일본에 진정한 의미의 바캉스가 존재하는지 어떤지는 모르겠지만, 호화 여객선을 이용한 크루즈 여행이 인기라고 한다. 호화 여객선이 무대로 등장하는 영화는 제법 많다. 〈포세이돈 어드벤처〉, 〈스피드2〉, 여러 차례 리메이크된 〈러브 어페어〉와 〈타이타닉〉. 타이타닉의 비극은 지금까지 몇 차례나 영화화되었지만, 가장 유명한 것은 역시 레오나르도 디카프리오 주연의 1997년 작품이다.

줄거리는 무척이나 심플하다. 이루어지지 못한 사랑과 침몰하는 타이타닉호가 비극적 상황을 더욱 고조시킨다. 189분이라는 긴 상영 시간이지만 영화 곳곳에 극적인 장면들이 많아 지루할 틈이 없다. 예컨대 영화를 본 사람들은 대부분 큰 배를 타면 뱃머리에서 두 팔을 벌리고 싶을 것이다. 남자 주인공이 죽기 직전의 대단원은 마치 이루지 못했던 행복을 비추는 주마등처럼 관객의 눈물샘을 자극한다.

항공을 이용한 수송도 많이 발달했지만 무역 분야에서는 여전히 선박이 주역이다. 전 세계 표준 해상운임지수는, 일곱 개의 바다를 지배했다고 하는 영국 런던의 해운거래소에서 산출하는 '발틱 운임 지수'이다.

1985년에 1,000을 기록한 이래, 2007년 10월에는 사상 최초로 만 단위를 돌파했고, 2008년 5월에는 사상 최고치(11,793)를 기록했다. 이것은 이른바 경기선행지수*로, 2008년 9월에 급락한 후로 지금은 절반 가격으로 내려앉았다. 중국의 올림픽 특수가 끝나면서 철강 등의 자원조달이 일단락된 것도 원인으로 작용했고, 신흥국가들의 경기 악화와 수입 격감도 원인이라 할 수 있다.

세계 경제가 악화되면서 세계의 주가도 하락하고 있다. 해상운임은 무역과 세계의 경제 상황을 나타내는 지표라고도 할 수 있다. 경기와 마찬가지로 순환하지만 상상을 초월할 만큼 급격한 변동이 나

• 경기 동향에 관한 각종 경제 통계 중 경기의 움직임에 선행하여 움직이는 지수. 가장 넓은 의미의 통화지표다.

타나는 분야이기도 하다.

참고로, 일본의 조선업은 1956년에 영국을 제치고 세계 제일에 올라 한때는 세계의 절반 이상을 차지했다. 일본의 해운업도 세계 제일의 수준에 올랐지만 해운지수는 지금도 여전히 영국이 세계 표준(Global Standard)이다. 세계 표준을 보유하는 것은 국가적 전략이고 유효한 산업정책이다.

곡물가격의 폭등은 전 세계를 힘들게 한다, 〈반딧불의 묘〉

- 원제 : 火垂るの墓
- 제작 연도 : 2008년
- 제작국 : 일본
- 원작 : 노사카 아키유키
- 감독 : 휴가지 타로
- 출연 : 마츠자카 게이코, 마츠다 세이코, 이케와키 치즈루, 하라다 요시오, 나가토 히로유키

소설가 노사카 아키유키의 개인적 체험을 바탕으로 한 나오키상 수상작 《반딧불의 묘》는 1988년에 애니메이션 영화로 만들어졌다. 그 후 20년 만인 2008년에 신진 휴가지 타로 감독이 극영화로 리메이크하면서 전쟁의 비극은 더욱 강조되었다.

영화는 슬픈 내용을 담고 있다. 제2차 세계대전 종전 전후의 고비

와 니시노미야가 영화의 무대. 전쟁에서 부모를 잃은 14살의 세이타와 4살배기 세츠코 남매가 굶어서 죽어가는 이야기다. 먹을 것이 없어 여동생이 죽고 머지않아 오빠도 죽는다. 반딧불의 빛이 눈시울을 뜨겁게 하는, 참으로 슬픈 이야기다.

지금의 일본에서 굶어 죽는다는 건 상상도 할 수 없는 일이다. 슈퍼마켓에는 이익 극대화를 위해 신선한 식료품들이 언제나 산더미처럼 쌓여 있다. 유통기한이 지난 식품의 약 30%는 폐기된다고 한다.

그러나 세상에는 아직도 굶어 죽는 일이 사라지지 않았다. 더구나 2008년에는 곡물가격이 폭등했다. 시카고상품거래소(CBOT)의 대표적인 곡물인 옥수수(선물)는 바이오 연료로도 수요가 생기면서 7.2달러의 가격이 매겨졌다. 2005년에는 2달러 전후에서 거래되었던 점을 감안한다면(물론 원유만큼은 아니라 하더라도) 거의 3.5배나 오른 가격이다. 곡물의 공급량 감소는 발전도상국의 식량 사정을 악화시켰다. 유엔식량농업기구(FAO)는 2008년의 곡물 생산이 양호했음에도 10억가량의 인구가 영양부족 상태에 있다고 발표했다. 곡물은 원유 이상으로 인류의 생존을 위한 중요한 열쇠이기 때문에 우려는 더욱 크다.

곡물가격이 폭등한 원인으로는 신흥국가들의 식량 소비의 증가, 기후 변화에 따른 생산량 감소, 생산국의 수출규제 등 다양한 요인들이 얽혀 있다. 거기에 일본을 포함한 세계의 기관 투자가들이 투자신탁 등을 통해 원유와 마찬가지로 막대한 자금을 곡물시장에 유입시키면서 곡물가격을 더욱 높였다. 곡물가격의 상승은 원유가격

의 상승과 함께 인플레이션을 초래하여 전 세계 시민들의 생활을 위협할 수 있다.

일본에서는 제2차 세계대전 이후 곡물, 특히 쌀에 '겐탄 정책'*을 계속적으로 전개하고 있다. 전 세계에 식량 부족으로 고통받는 나라가 많은 상황임에도 쌀 생산량을 삭감하는 정책이다. 세계적인 관점에서 보자면 위화감을 주는 정책으로 해외에서도 지지를 받지 못하고 있다. 더욱이 일본은 아시아와의 무역활성화를 주장하면서도 정미된 쌀에 800%에 가까운 높은 관세를 부과하는 등 농업 분야에서는 철저한 보호주의를 견지하고 있다. 농업행정과 농업의 개혁이 절실히 필요한 형편이다. 전 세계의 곡물 문제를 해결하기 위해서 일본은 농업 생산성을 높여 생산량을 확대하고 무역의 자유화를 구축해 나가야 할 것이다.

이 영화는 전쟁의 비극과 전시의 배고픔을 전한다. 전쟁이 끝난 지 60년 이상이 지난 지금은 그와 같은 체험담을 들을 수조차 없는 상황이 되었다. 배고픔에 대한 감각을 이해하고 기억하는 일은, 정부와 기업과 개인이 각자의 입장에서 곡물 문제를 고민하는 계기가 될 것이다. 일본은 배고픔 따위와는 무관하다는 듯 배부른 환경에서 살아가고 있지만 하루하루 먹을 수 있다는 것에 감사하는 마음을 잊어서는 안 될 것이다.

---

* 제2차 세계대전 후 일본에서 이루어진 농업정책. 쌀 생산량을 억제하고자 벼농사의 면적을 제한하거나 다른 작물로 전환할 것을 요구했다.

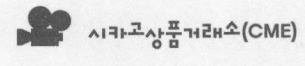

시카고상품거래소(CME)

미국의 일리노이 주의 시카고에 설립되었으며, 별칭은 Merc이다. 육류, 달걀 및 농축산물 등을 생산하는 농부와 상인을 연결시켜 주기 위해 1871년에 설립된 시카고물품거래소가 그 시초이다. 설립 당시에는 거래되는 곡물의 수량 및 품질 표준화가 주요한 목적이었으나, 선물 거래가 가능하게 되면서 투자자들이 농산물 자체보다 농산물 인도계약의 권리를 사고파는 것에 더 관심을 갖게 되었다. 이로 인해 더욱 다양한 상품을 다루게 되면서 규모가 커졌다. 거래규칙을 정비하고 새로운 회원을 더 받아 1919년에 '시카고상품거래소'로 명칭을 바꿨다.

농축산물, 외환, 귀금속 등이 주요 취급 품목이며, 선물구입을 할 수도 있고 선물구입계약서를 적정 가격에 매도할 수도 있다. 회원에 한하여 거래할 수 있기 때문에 회원권을 소지해야 한다. 탈퇴하려는 이로부터 회원권을 구입하여 이사회의 승인을 거친 후 거래를 이용하는 방법도 있다. 실체가 있는 상품이 유통되는 곳이므로 상품의 품질관리나 보관을 위한 인프라가 필요하다.

상품선물거래위원회(미국 정부기관)가 CME의 규제를 담당하고 있다.

탐욕이 불러낸 거품경제, 〈데어 윌 비 블러드〉

- 원제 : There Will Be Blood
- 제작 연도 : 2007년
- 제작국 : 미국
- 감독 : 폴 토마스 앤더슨
- 출연 : 다니엘 데이-루이스
★ 아카데미 남우주연상과 촬영상 수상. 다니엘 데이-루이스는
  〈나의 왼발〉에 이어 두 번째로 아카데미 남우주연상을 수상
  했다.

인간의 욕구는 경제학에서 성장의 원동력으로서 긍정적으로
수용된다. 그러나 그것이 탐욕에 이르면 상황은 달라진다. 탐욕은
크리스트교에서 말하는 '일곱 개의 대죄'에 해당된다. 인간의 탐욕을
다룬 영화가 바로 〈데어 윌 비 블러드〉다. (일곱 개의 대죄를 주제로 삼은 영화는
브래드 피트 주연의 〈세븐〉이 있다.)

석유 채굴 붐이 한창인 20세기 초, 캘리포니아의 광산 노동자인
플레인뷰(다니엘 데이-루이스)는 유전을 발견한다. 탐욕에 빠져 부와 권력
만을 추구하면서 인간에 대한 불신이 강해진 플레인뷰는 사고로 청
각을 잃은 아들도 외면한 채 자신에게 장애가 되는 사람들을 살해
하면서 처절한 결말을 향해 치닫는다. 주연 다니엘 데이-루이스의
신들린 연기력은 아카데미 남우주연상으로 보답을 받았다.

투자의 세계에서 욕심이 실제 경제와 동떨어진 채 제멋대로 굴러
가다가 발생하는 것이 다름 아닌 버블이다. 그리고 분명한 것은 버

블은 반드시 붕괴한다는 점이다.(그렇기 때문에 버블인 것이다.) 세계 최초의 버블은 17세기 네덜란드에서 발생한 것으로, 튤립 가격의 폭등에서 기인했다고 해서 '튤립 버블'이라고 한다. 캐나다 출신의 경제학자 갤브레이스는 저서 《대공황》에서 "인간은 60~100년에 한 번씩 광란의 투기열에 휩싸인다."고 했다. 결국 인간은 일생에 한 번은 버블을 경험하고 학습하는 셈이다.

경제학에서는 50~60년 주기로 나타나는 '콘드라티에프 파동'이라는 경기 순환 사이클도 유명하다. 이 순환은 '기술혁신'에 의해 일어난다고 한다. 이것은 다름 아닌 기술혁신(이노베이션)을 경제성장의 기초로 삼았던 경제학자 슘페터의 정의를 따른 것이다.

그러나 최근에는 버블 붕괴와 같은 경제위기가 발생하는 주기도 현격하게 짧아져 '일생에 한 번'은커녕 '10년에 한 번' 꼴이다. 특히 무슨 이유 때문인지 '7'이 붙는 해에 버블이 붕괴하는 경제위기가 발생하곤 한다. 1987년의 '블랙 먼데이', 1997년의 '아시아 경제 통화위기', 그리고 2007년부터는 '서브프라임 론의 문제'다. 무엇보다 이번의 서브프라임 론은 증권화된 금융상품이 전 세계로 확산되면서 더욱 복잡성을 띠고 있다.

IT업계를 중심으로 기술혁신의 속도는 빨라지고, 더 이상 50년 주기라고 느긋하게 여유를 부릴 처지가 아니다. 시대 변화의 속도를 가리키는 말은, 개가 1년에 인간의 몇 배나 빠르게 성장한다는 사실에 빗대어 '도그 이어(dog year)'라고 한다. 탐욕이 사람을 성급하게 만들고, 경기순환을 단기간에 이루어지는 것으로 만들었을지도 모른다.

3. 돈의 시네마 경제학

배급주의보다 더 소중한 사랑, 〈시네마 천국〉

• 원제 : Nuovo Cinema Paradiso
• 제작 연도 : 1989년
• 제작국 : 이탈리아/프랑스
• 감독 · 각본 : 쥬세페 토르나토레
• 출연 : 필립 느와레, 자끄 페
★ 아카데미 외국어 영화상을 수상했다.

영화를 좋아하는 사람이라면 거의 모두가 좋아하는 영화, 〈시네마 천국〉. 작품 곳곳에 '영화에 대한 애정'이 흘러넘치기 때문인지 모른다.

〈시네마 천국〉은 이탈리아의 시칠리아 섬에서 태어난 소년 토토(살바토레)가 영화를 삶의 중심으로 삼아 성장해가는 청춘 드라마다.

중심 무대는 영화가 최고의 오락이던 시절의 영화관 파라다이스. 영화는 완고하지만 따뜻한 마음씨를 지닌 영사기사 알프레드(필립 느와

레)와 함께 지내는 토토의 소년시절, 영화기사가 되어 첫사랑과의 실연을 겪은 후 징병 입대하는 청년시절, 30년 후 유명한 영화감독이 되어 고향 시칠리아로 돌아와 소중한 지난 일들을 떠올리는 장년시절의 3부작으로 구성되어 있다.

필자가 특히 좋아하는 부분은 영화가 이야기의 중심을 이루는 토토의 소년시절이다. 개성 넘치는 시칠리아 사람들이 영화를 보고 나서 행복한 얼굴로 빛나는 모습을 보고 있으면 저절로 기분이 좋아진다. 영화를 좋아하는 사람이라면 울기도 하고 웃기도 하고 간혹 화를 내기도 하는 시칠리아 사람들 속에서 자신의 모습을 발견할 수 있을 것이다.

영화관 파라다이스에서 상영되는 영화들 중에 옛 시절의 향수어린 영화가 여러 편 등장하는 것도 매력의 하나. 영화나 포스터를 통해 루치노 비스콘티의 〈흔들리는 대지〉, 장 루느아르의 〈지하세계〉, 채플린의 〈모던 타임즈〉, 그리고 〈바람과 함께 사라지다〉, 〈7인의 신부〉, 〈카사블랑카〉와 같은 영화들이 연달아 등장한다.

이 영화의 더 큰 매력은 이탈리아의 지중해에 떠 있는 섬, 시칠리아의 자연이다. 시칠리아는 지금까지도 여러 차례 영화에 등장한 장소다. 코르네오네(《대부》), 팔레르모(《대부3》), 타오르미나(《그랑블루》) 등등. 이 영화에서도 메인 스트리트는 팔라초 아드리아노, 해안은 체팔루가 등장한다. 이곳들은 영화의 첫 부분에 나오는 대도시 로마의 코르소 거리의 '차가움'과는 대조적으로 그려진다. 유명한 영화감독이 됐다고는 하지만 '어머니가 전화할 때마다 매번 다른 여자가 전화를

받는 (로마의) 생활'은 토토에게 결코 행복한 것이라 할 수 없다.

경제에 대해서도 똑같은 이야기를 할 수 있다. 물론 최근에는 전 세계적으로 '배금주의'라는 잘못된 방향을 향해 치달아 갔던 분위기가 있었다. 특히 서브프라임 론 문제의 진원지인 미국에서는 장기간의 전망보다는 단기간의 수익을 내걸고 천문학적인 보수를 받아 챙겨, 결과적으로 빈부격차를 더욱 키웠다. (물론 기업의 목표는 수익증대로서 그것이 중요하다는 것을 부정할 수는 없다.) 그러나 이전에도 엔론*과 월드컴** 사건에서 볼 수 있듯이 부정을 일삼으면서까지 수익 증대에만 집착해온 미국에서는 CEO의 연봉이 수십억을 넘는 경우도 있었다. 이익을 남길 수 있다고 해서 무슨 짓을 해도 된다는 것은 아닐 것이다.

영화에서는 그것이 시칠리아의 시골 마을과 성인이 된 토토가 황폐한 생활을 보내는 수도 로마라고 하는 공간의 차이를 통해 상징적으로 드러난다. 영화의 마지막에는 '삭제된 키스신'을 담은 필름이 주마등처럼 흐르는데, 잊어버려서는 안 될 소중한 것들을 떠올리게 해주는 듯하다. 볼 때마다 마음이 정화되는 작품이다.

• 미국 텍사스주 휴스턴에 소재하며 에너지 거래와 IT산업을 주로 하던 기업. 2000년도 연간 매출액이 110억 달러(전미 7위), 2001년 사원수 2만 천 명이라는 대기업으로 성장. 그러나 거액의 부정 회계 및 거래가 드러나면서 2001년 12월에 파산. 파산 당시의 부채 총액은 약 400억 달러를 넘었다. 월드컴 파산이 일어나기 전까지 미국 사상 최대의 기업 파산.
•• 미국의 전기통신 대기업. 2002년 7월 21일 파산신청을 했다. 파산 당시의 부채 총액은 410억 달러로 엔론 파산 시의 부채 총액을 초과했다. 2008년 리먼 브러더스 증권이 파산하기 전까지 미국 역사상 최대 규모의 경영 파산.

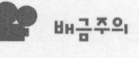 **배금주의**

돈을 삶의 가장 중요한 가치로 여기는 사고방식인 배금주의는 대량생산과 대량소비 시스템을 가져온 산업화가 진행되는 과정에서 발생했다고 주장하는 학자들이 많다. 물질적 가치를 정신적 가치보다 더 우선시하는 풍조가 생겨날 수밖에 없는 상황이었기 때문이다.

배금주의는 인간의 가치를 하락시켜 그 존엄성을 파괴하며, 어떠한 방법으로든 돈을 버는 것이 최고라는 생각을 갖게 함으로써 도덕성을 상실시켰다. 또한 자신의 이익을 위해 타인의 피해를 아무렇지 않게 여기는 이기주의가 발생했다.

한 국가에게 있어서 큰 자금력을 가지고 있는 기업은 그 나라의 경제 순환의 통로 같은 역할을 해준다. 하지만 거대기업과 자본가, 권력자가 돈과 이익만을 지나치게 추구한 결과 사회정의가 무너지면서 폭력, 성범죄, 마약, 인신매매와 반사회적 범죄가 증가하기도 했다. 이러한 사회문제를 해결하기 위해 국가에서는 해마다 많은 비용을 들이고 있다. 결국, 지나친 효율과 이윤만을 추구하는 정책으로 인해 국가는 쓰지 않아도 되는 돈을 계속 쓰게 되는 것이다.

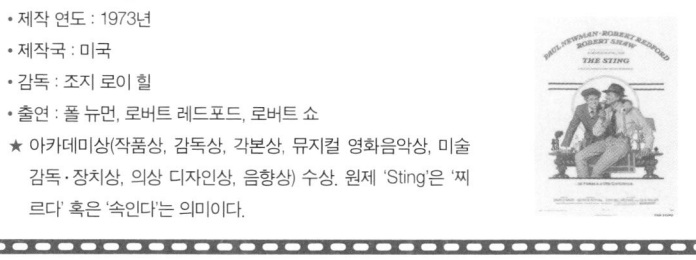

횡재로 얻은 돈은 진정한 내 돈이 아니다, 〈스팅〉

- 원제 : The Sting
- 제작 연도 : 1973년
- 제작국 : 미국
- 감독 : 조지 로이 힐
- 출연 : 폴 뉴먼, 로버트 레드포드, 로버트 쇼
★ 아카데미상(작품상, 감독상, 각본상, 뮤지컬 영화음악상, 미술
  감독·장치상, 의상 디자인상, 음향상) 수상. 원제 'Sting'은 '찌
  르다' 혹은 '속인다'는 의미이다.

2008년 9월, 미국 영화계의 대표적인 배우 폴 뉴먼이 세상을 떠났다. 향년 83세. 그는 해군에 입대해 오키나와 전투에도 참가했다. 제대 후 1952년에 말론 브란도, 제임스 딘과 함께 미국 액터즈 스튜디오에 입학하지만, 눈부신 활약을 보여주던 두 사람과 달리 눈에 띄지 않는 무명 시절이 계속되었다.

그러다가 〈허슬러〉로 두각을 나타내고, 로버트 레드포드와 주연한 〈내일을 향해 쏴라〉를 통해 부동의 지위를 확립한다. 이어서 같은 콤비로 출연한 〈스팅〉이 엄청난 히트를 기록한다. 마침내 〈허슬러 2〉로 염원하던 아카데미 남우주연상을 수상했다. 다시 한 번 로버트 레드포드와의 공연을 바라던 팬들의 소망이 이루어지지 못한 채 폴 뉴먼은 2007년 은퇴를 선언했다.

명작으로 평가받는 〈스팅〉은 1936년의 시카고를 무대로 펼쳐지는 범죄 코미디다. 사기행각으로 생계를 이어가는 젊은이(로버트 레드포드)가

부모처럼 여기던 스승을 살해한 갱단의 보스에게 복수할 것을 결심하고, 전설적인 도박사(폴 뉴먼)와 손을 잡고 자신의 주특기인 사기를 이용해 적(원수)의 조직과 보스(로버트 쇼)를 궁지에 몰아넣는 모습을 경쾌하게 그린다.

갬블(도박)에 사기는 필수불가결. 우리들은 사실 돈에는 몇 가지 '종류'가 있음을 알고 있다. 월급을 받아 꼬박꼬박 모은 '열심히 땀 흘린 돈'은 함부로 쓰지 않지만, '도박에서 딴 돈'은 쉽게 써버린다. 다시 말해서, 도박에서는 지고서 손해를 보든 이겨서 횡재를 하든 함부로 돈을 써버리기 때문에 결국 돈을 모으지 못한다. 돈이란 이마에 땀방울을 맺어가면서 벌어들여야만 비로소 의미를 지닌다. 횡재로 얻은 돈은 결국 진정한 내 돈이 아닌 셈이다.

폴 뉴먼은 배우 생활 외에도 샐러드 드레싱을 제조·판매하는 사업에도 뛰어들었다. 이것이 소비자들의 호평을 얻어 많은 수익을 올렸다. 수익 중 2억 달러가 넘는 돈을 어려운 아이들을 위해 기부했다고 한다.

폴 뉴먼의 돈 씀씀이는 결코 헛된 것이 아니었다. 이런 일면도 그의 인기를 굳건히 뒷받침해 주었다. 삼가 고인의 명복을 빈다.

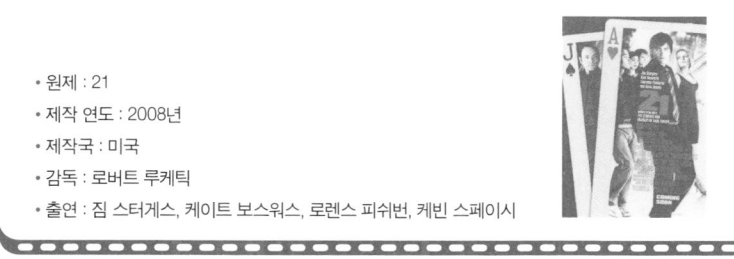

도박과 투자의 차이, 〈21〉

• 원제 : 21
• 제작 연도 : 2008년
• 제작국 : 미국
• 감독 : 로버트 루케틱
• 출연 : 짐 스터게스, 케이트 보스워스, 로렌스 피쉬번, 케빈 스페이시

이 작품의 제목은 〈21〉이다. 미국의 인기 TV드라마 〈24〉의 속편이거나 전편이 아니다. 카드 게임의 블랙잭 21을 떠올리면 영화의 내용을 훨씬 이해하기 쉬울 것이다. 그렇다. 이 영화는 도박을 주제로 한 영화다.

그런데 이 영화의 이야기는 놀랍게도 실화를 바탕으로 한 것이라고 한다. 매사추세츠 공과대학(MIT) 학생인 주인공 벤은 그의 수학적 천재성이 교수의 눈에 띄어 블랙잭 필승법을 연구하는 모임에 들어가게 된다.

그 후 이들은 라스베이거스로 가서 자신들이 연구한 전략을 이용해 엄청난 돈을 벌어들인다. 그러나 인생은 그렇게 쉽게만 흘러가지는 않는 법. 뻔한 예상대로 호화스러운 생활에 빠져 한때는 파탄지경에 이른다. 도박을 통해 정말로 이렇게 거액의 돈을 벌어들일 수 있을까 하는 의심이 들지만, 실화라고 하는 점이 사람들을 더 매혹

한다. 케빈 스페이시가 교수로 열연하면서 제작에도 참여하였다. 그 외에도 로렌스 피쉬번 등 존재감 있는 배우들이 조연으로 활약한다.

라스베이거스 공항에서는 이제 막 도착한 사람과 떠나가는 사람들의 표정이 각각 다르다. 막 도착한 사람들은 어딘가 모르게 들떠 있고, 돌아가는 사람들의 어깻죽지는 축 늘어져 있다. 그렇지만 그들은 곧 다시 돌아온다. 설령 기대치가 높지 않더라도 말이다. 기대치란 도박에 거는 돈에서 다시 돌아올 것이라 예상하는 금액을 말한다.

우리들 주변에 있는 도박이라면 복권이 대표적이다. 복권의 판매액에서 상금의 합계액을 제하고 나면 대략 복권의 기대치가 산출된다. 예를 들어 3백 엔짜리 복권이라면 145엔 정도다. 비율로 따지면 약 47~48%다. 이것을 보다 이성적으로 검토해 보면 투자한 금액의 절반 이하의 금액만을 회수하는 꼴이니 '투자 효율'은 상당히 나쁜 편이다. 이렇게 기대치가 절반 이하임에도 복권을 구입하는 이유는 심리적이 부분이 작용하기 때문이다.

사람들은 복권에 투자를 하는 것이 아니다. 이를테면 '꿈'을 사는 것이다. 꿈은 클수록 좋다. 복권은 1등의 상금이 크면 클수록 잘 팔리는 성질이 있다. 즉, 백만 엔 상금의 복권 백 장보다는 1억 엔 상금의 복권 한 장이 훨씬 더 잘 팔린다고 한다. 흔히 보는 광경 중에 '당첨이 잘 되는 가게' 앞에 긴 줄이 늘어서 있는 모습이 있다. 확률로 보자면 어떤 가게나 동일하고, 기대치 역시 다르지 않다. 그런데도 이 같은 광경이 연출되는 것은 말 그대로 심리적 효과 때문이다.

최근 심리적인 분야에서 연구 발전을 이루고 있는 것이 다이어트

다. 거기서 말하는 것은 인간이 합리적이라면 모든 사람이 다이어트에 성공한다는 것이다. 다이어트에 실패하는 이유는 인간의 심리적 부분이 작용하기 때문이라고 한다. 이 같은 합리성과 심리적 컨트롤이 바로 경제정책과 경영의 핵심 골자일 것이다.

그러나 복권이든 다이어트든 합리적이고 이성적인 인간만 있다면 비즈니스는 성립되지 않는다. '일확천금의 꿈'이 복권판매점 앞에 사람들을 줄 서게 하고 라스베이거스 카지노를 붐비게 한다. 가령 그것이 실현 불가능한 꿈이라 할지라도 말이다.

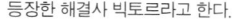

블랙아켓 대책, 〈레옹〉

- 원제 : Leon
- 제작 연도 : 1994년
- 제작국 : 미국
- 감독 : 뤽 베송
- 출연 : 장 르노, 나탈리 포트만
- 음악 : 스팅 'Shape of My Heart'
★ 이 영화의 주인공 모델은 감독인 뤽 베송의 출세작 〈니키타〉에 등장한 해결사 빅토르라고 한다.

〈레옹〉은 애절하면서도 따뜻하고 또 슬픈 영화다. 이 영화의 매력의 거지반을 결정하는 것이 〈레옹〉에 출연한 배우진이다. 〈레옹〉에 나오는 배우들은 상당히 개성적인 면면들이 많다. 모로코

의 카사블랑카 출신인 (부엉이를 닮은 이미 늙어버린) 장 르노는 말할 것도 없고, (이 작품으로 스크린 데뷔한) 이스라엘의 예루살렘 출신인 나탈리 포트만, 그리고 (성격과 악역으로는 최고의 배우이자 넥타이가 없는 셔츠 차림이 가장 잘 어울리는 배우인) 영국 런던 출신의 게리 올드만 등 개성적인 배우들이 포진해 있다. 이들은 모두 이 영화를 통해 세계적인 배우로 인기를 모았다.

12살의 소녀 마틸다(나탈리 포트만)는 마약 거래의 암투 속에서 가족들을 잃고 이웃에 살던 레옹(장 르노)의 도움을 받는다. 그 후 복수를 위해 킬러가 되려고 하지만, 게리 올드만이 연기하는 악덕 마약 수사관에게 레옹과 함께 생명을 위협받는다. 결국 주인공 레옹은 폭발로 악덕 수사관과 함께 죽음을 맞이한다. 나이차가 많은 마틸다와 레옹 사이에 어렴풋한 사랑이 싹트는데, 그것이 마지막에 애틋함과 슬픔을 더욱 도드라지게 만든다. 킬러가 주인공으로 등장하는 작품답게 총격과 격투신에서는 넘치는 박력을 즐길 수 있다.

레옹은 화초들을 정성껏 보살핀다. 아글라오네마거나 칼라데아라는 이름의 관엽식물들이다. 토란과 같은 식물과다. 레옹은 매일 볕 좋은 창가에 화초를 놓아두고 분무기로 물을 뿌려주고 이파리를 한 장 한 장 깨끗하게 닦아준다. 식물은 애정을 쏟아부은 만큼 되돌려 주기 때문에 좋다. 레옹도 "식물은 나를 배신하지 않으니까." 하고 말한다. 영화의 마지막에서 마틸다가 "여기라면 괜찮아."라고 말하며 레옹의 화초를 학교의 뜰에 심는 부분은 관객의 눈물샘을 자극한다.

이 영화에서는 심각한 문제인 '어둠'의 세계가 그려진다. 레옹이 살

고 있는 '어둠'의 세계에서는 위험한 돈이 아주 은밀하게 흘러 다닌다. '바깥' 세상의 경제보다 오히려 액수가 크다고 한다. 필자는 미국에 머물렀던 적이 있지만, 실제로 사용할 수 있는 지폐는 20달러로 그 이상의 지폐는 일반 상점에서는 잘 받아주지 않는다. 그러나 〈레옹〉에 등장하는 지폐는 백 달러짜리 지폐들뿐이다.

마약과 무기 매매 등 위법적인 거래를 통해 발생하는 '자금세탁'의 금액은 최소한 약 6천억 달러, 넉넉히 잡아도 약 1조 5천억 달러라고 한다(1996년 OECD금융활동 작업부회). 규모가 작은 쪽도 스페인의 국가 경제 규모에 버금간다. 수치만 보더라도 자금세탁 문제는 법적 규제의 대상이 되지 않으면 엄청난 사건을 일으킬 수 있음을 알 수 있다.

대부분 범죄의 목적은 범죄자 개인과 집단의 이익을 위한 것이다. 자금세탁은 범죄자가 법을 위반하고서 얻은 이익의 출처를 은폐하기 위한 작업이라 할 수 있다. 세계의 범죄조직은 위법적인 무기 거래나 밀수, 마약거래, 매춘, 횡령, 인사이더 거래, 컴퓨터 사기 등으로 막대한 거금(현금)을 벌어들이고 있다. 그 후 그것을 작은 금액으로 쪼개어 현금화하고, 수차례에 걸친 송금을 통해 출처가 불분명해졌을 때 주식과 부동산 등으로 재투자되는 것이 전형적인 패턴이다. 일본의 은행 등에서도 본인을 확인하는 절차가 무척 까다로워졌는데, 이는 자금세탁을 방지하기 위한 대책의 하나라 할 수 있다.

제4장

경영

1. 기업 가치의 시네마 경제학

갈라파스코화에도 가치가 있다, 〈할로윈: 살인마의 탄생〉

- 원제 : Halloween
- 제작연도 : 2007년
- 제작국 : 미국
- 감독 : 롭 좀비
- 출연 : 말콤 맥도웰, 브레드 듀리프
★ 오리지널은 존 카펜터 감독의 〈할로윈(Halloween)〉(1978년)

할로윈은 가톨릭의 만성절 전야제로 10월 31일이다. 오렌지색
호박을 도려내고 거기에 랜턴을 집어넣은 것이 심벌마크로, 오렌지
와 검정의 조화는 할로윈 컬러라 할 수 있다. 크리스마스만큼은 아
니지만 요즘은 일본에서도 할로윈과 관련한 이벤트가 늘고 있다.

영화 〈할로윈〉은 대표적인 공포영화 시리즈다. 지금까지 8편이 만
들어졌고, 〈13일의 금요일〉, 〈나이트메어〉와 함께 3대 공포영화 시리
즈로 일컬어진다. 공포영화는 대개 젊은 배우들의 등용문이 되기도

한다. 젊은 조니 뎁도 〈나이트메어〉에서 인기를 얻은 배우의 한 사람이다.

30년 전 1978년에 제작된 첫 번째 작품 〈할로윈〉이 리메이크되었다. 줄거리는 기본적으로 첫 번째 작품과 같다. 할로윈 날 밤에 소년 마이클은 누나와 매형을 살해한다. 정신병원에서 치료를 받지만 17년 후 할로윈 날 밤, 병원을 탈출한 다음 흰 마스크를 쓰고 또다시 공포의 살인마로 변신한다. 이 작품에서는 첫 번째 살인의 이유와 병원을 탈출하기까지가 무척 꼼꼼하게 그려져 있다.

시골이나 피서지에서 젊은이들이 집단적으로 습격을 받고 사투를 벌인 끝에 주인공만 살아남는 것이 전형적인 미국식 공포영화다. 최근 그것과는 사뭇 다른 분위기를 지닌 일본식 공포영화가 해외에서 반향을 일으키고 있다.

일본식 공포영화의 특징을 들자면 고전적인 괴담의 영향을 받아서인지 우리 생활 주변의 익숙한 장면 설정이 많고, 비명소리가 많지 않아 비교적 조용하고 유령처럼 머리를 길게 늘어뜨린 여성들이 많이 등장하는 것이다. 미국에서 리메이크된 일본의 공포영화로는 〈주온〉, 〈링〉, 〈착신아리〉 등이 있다.

일본의 공업 제품 중에는 휴대전화처럼 상당한 발전을 이룩한 분야임에도 국내에서만 지나치게 독자적인 발전을 거듭한 나머지 해외의 반응이 없는 상품들도 있는데, 이것을 이른바 '갈라파고스화'라고 한다. 갈라파고스 제도는 에콰도르 약 9백 킬로미터 서쪽 태평양 위에 떠 있는 섬들로, 그곳에 사는 생물들은 외부와 격리되어 독자적

으로 진화했다고 한다. 세계유산(자연유산)으로도 인정받았다. 이와 마찬가지로 갈라파고스화란 어떤 제품이 세계와 격리되어 독자적으로 발전·진화한 상태를 가리킨다.

그러나 소프트 부분, 특히 공포영화에서 일본 영화는 상당한 발전을 이룩했다. 오히려 그와 같은 '독자성'이 높이 평가받고 있는 셈이다.

유원지에서 '귀신의 집'이 사라지지 않는 것처럼 공포영화는 인기가 식지 않는 분야다. 공포가 오히려 호기심을 자극하듯 인간은 기본적으로, 혹은 본능적으로 무서운 것을 좋아하는 듯하다. 스트레스가 쌓이고 우울할 때 공포영화를 보며 해소하는 사람들도 많다. 투자 분야에서도 '하이 리스크·하이 리턴'이라는 말을 사용하는데, 위험이 높은(무서운) 상품일수록 더 좋아하는 사람들이 있다. 공포에 가까운, 도박 같은 긴장감이 격렬한 흥분을 안겨준다는 것이다.

지금의 세계 경제를 공황이라고 평가하는 사람도 있다. 세계 전체가 공포영화라도 보면서 스트레스 해소와 기분전환을 해야 할 필요가 있을지도 모르겠다.

갈라파고스화(Galapagos Syndrome)

일본의 IT산업의 문제점을 남태평양에 있는 갈라파고스 제도에서 일어난 현상에 빗대 표현한 신조어이다. 먼 대륙과의 거리로 인해 독자적으로 진화한 고유종이 서식하고 있던 갈라파고스에 외부 종들이 들어오게 되자 고유종들이 멸종당할 위기에 처하게 되었다. 일본 IT산업에 있어서도 이와 비슷한 일이 일어났는데, 갈라파고스 제도에서 발생된 현상과 같이 일본의 IT기술이 일본시장 안에서만 독자적으로 진화해 결국에는 세계 표준에는 동떨어지게 된 현상이 바로 그것이다. 세계 최고의 기술을 갖고 있으면서도 일본 외에서는 보급이 잘 이뤄지지 않은 일본 휴대폰의 특이성을 표현하기 위한 용어로 만들어졌다.

일본만의 특수한 상황에 맞춰 발전한 일본의 휴대폰은 일본을 벗어나는 순간 그 효용 가치가 떨어지게 마련이다. 하지만 특정 환경에 국한되지 않고 일반적 수요자를 겨냥해 발전해온 해외의 IT산업은 일본을 포함한 전 세계에서 성공을 거둘 수 있었다.

하지만 앞의 글에서 인용한 공포영화의 사례처럼 독자성이 주목받기도 한다.

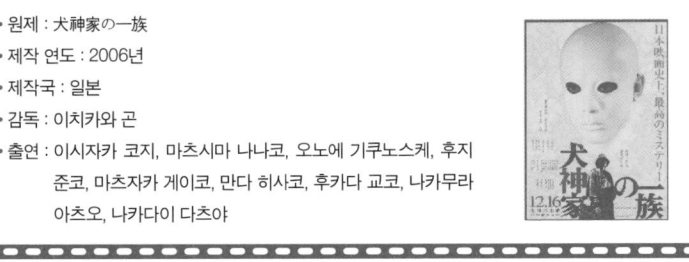

최고 전성기의 영광을 다시 한 번, 효과 안정!

〈이누가미가의 일족〉

- 원제 : 犬神家の一族
- 제작 연도 : 2006년
- 제작국 : 일본
- 감독 : 이치카와 곤
- 출연 : 이시자카 코지, 마츠시마 나나코, 오노에 기쿠노스케, 후지
  준코, 마츠자카 게이코, 만다 히사코, 후카다 교코, 나카무라
  아츠오, 나카다이 다츠야

  2006년에 제작된 일본 영화 〈이누가미가의 일족〉은 1976년에 제작되었던 동명 영화의 '완전한' 리메이크다. 76년 당시 작품의 흥행 덕분에 원작자 요코미조 세이시와 감독 이치카와 곤, 그리고 영화사 가도카와는 단숨에 엄청난 인기의 주인공이 되었다. 일본 영화계의 금자탑이라 할 수 있다.

  76년판은 매우 꼼꼼하게 만들어진 미스터리 영화다. 제약회사를 창립하여 재벌이 된 유명인사 이누가미 사혜의 유언장이 공개되면서 이야기가 전개된다. 이복인 세 자매 마츠코, 다케코, 우메코에게는 각각 스케기요, 스케타케, 스케토모라는 이름의 아들들이 있다. 그러나 공개된 이누가미 사혜의 유언장에는 이들 가운데 막대한 유산을 상속할 수 있는 사람은 할아버지의 은인이었던 다이니의 손녀 노노미야 다마요와 결혼한 사람이라고 적혀 있다. 그런데 유언장이 공개된 이후 연쇄적으로 살인사건이 발생한다. 결국 탐정 긴다이치 고

스케(이시자카 코지)가 수많은 수수께끼들을 풀어내고, (긴다이치 고스케 시리즈의 특징이지만) 상상하지 못했던 진실이 밝혀지면서 비통한 결말로 막을 내린다.

명작으로 평가받는 작품을 이치카와 곤 감독이 30년 만에 거의 완벽하게 독창적인 형태로 리메이크했다. 90세를 넘긴 감독이 말이다. 이는 영화사를 위해서라기보다는 일본 영화의 부활을 간절히 염원하는 마음이 담긴 작품이라고 생각된다. 결국 이 작품은 이치카와 곤 감독의 유작이 되었다.

이 영화를 경영의 관점에서 보자면 '최고 전성기의 상징적인 상품'을 재차 도입하는 수법으로 볼 수 있다. 물론 이 같은 수법을 이용해 눈에 띄는 성과를 올린 예도 있다. 예컨대 닛산은 한때의 명차 '페어레이디 Z'와 '스카이라인'을 부활시켜 회복의 기회로 삼았다.

이 같은 수법에는 두 가지의 장점이 있다. 첫 번째는 상품성에 관한 것이다. 원래 〈이누가미가의 일족〉은 원작 자체가 고도의 미스터리 소설이었고, 영화도 상당히 완성도 높은 작품이었다. 그랬기 때문에 엄청난 인기를 모을 수 있었다. 이렇듯 앞서 좋은 실적을 기록한 양질의 상품을 현재의 진화된 기술로 리메이크할 경우 실패할 위험은 매우 낮다.

두 번째는 사원들의 정신적 사기 진작에 관한 것이다. 기념비적인 히트작을 리메이크할 경우 작업에 참여한 사람들의 가슴속에서 과거의 성공과 영광이 되살아나는 것이다. 사원들의 '자부심'을 되찾아주는 것은 경영적인 측면에서 아주 중요한 일이다. 이처럼 과거의 최

고 상품을 리메이크하는 수법은 영화뿐만 아니라 많은 상품들에도 적용할 수 있다. 경기가 불투명하고 답보 상태일 때는 한 번쯤 시도해봄이 어떨지.

사족으로 덧붙이자면 요코미조 세이시의 영화(소설)에는 세 가지 특징이 있다. 첫째는 무대가 대부분 지방의 명문가라는 것. 둘째는 사건의 원인에는 반드시 복잡한 가족관계가 얽혀 있다는 것. 셋째는 도끼로 머리를 쪼개는 것과 같은 잔혹한 살인이 등장한다는 것이다. 그리고 리메이크된 〈이누가미가의 일족〉에 대해 덧붙이자면, 과거의 작품에 출연했던 배우들이 다섯이나 재등장한다는 사실이다. 30년 이라는 시간을 생각하면 굉장한 일이 아닐 수 없다. 이시자카 코지, 오다케 히데지, 쿠사부에 미츠코, 산조 미키, 그리고 개인적으로 좋아하는 카토 다케시. 카토 다케시는 과거의 작품에서는 다치바나의 경찰서장을 연기했는데, 이번에는 토도로키의 경찰서장으로 등장한다. "좋아, 알았어!"라는 유명한 대사와 함께 유머러스한 그의 행동(존재)이 무시무시한 살인사건과 과도할 만큼 무거운 인간관계로 수놓아진 영화에 상쾌한 바람을 불어넣는다.

전통적인 브랜드의 활성화, 〈007 카지노 로얄〉

- 원제 : 007 Casino Royale
- 제작 연도 : 2006년
- 제작국 : 미국/영국/독일/체코
- 감독 : 마틴 캠벨
- 출연 : 다니엘 크레이그, 에바 그린

〈007 카지노 로얄〉은 이안 플레밍의 원작에서는 제임스 본드 시리즈의 첫 번째에 해당하는 작품으로 살인면허(00넘버)를 취득하기 전의 제임스 본드가 등장한다.

본드는 두 건의 임무를 해결하고 00넘버를 취득한 다음 마다가스카르, 바하마 등의 명소를 경유하여 드디어 몬테네그로의 '카지노 로얄'의 카드게임 작전에 돌입한다. 게임은 곳곳에 함정이 있을 뿐만 아니라 천문학적인 수치의 금액이 오간다.

본드의 상사 M은 베스퍼 린드(에바 그린)를 파견해 본드를 감시하게 하는데, 베스퍼를 향한 본드의 마음은 진정한 사랑으로 깊어간다. 첩보영화라기보다는 오히려 멜로영화의 분위기가 짙다.

참고로 덧붙이면 〈카지노 로얄〉은 1967년에 영화로 만들어졌지만 저작권 문제 때문에 흔히 일컬어지는 007시리즈에 포함되지 않는다. 2006년 판과는 내용도 전혀 다르다. 하지만 나름 추천할 만하다. 버

트 바카락이 음악을 담당하고 있고, 피터 셀러스, 우디 알렌, 장 폴 벨몽도, 오손 웰즈, 윌리엄 홀든 등 출연진도 화려하다. (어쩌면 〈오스틴 파워〉도 67년판 〈카지노 로얄〉의 영향을 받았을지 모른다.)

어렸을 때 필자의 집에는 패션 디자이너로 활동하던 어머니 덕분에 동화책 대신 〈엘르(Elle)〉나 〈자르뎅 데 모드(Jardin des Modes)〉 같은 패션 잡지들이 널려 있었다. 덕분에 해외 브랜드들의 이름은 예전부터 잘 안다. 특히 어머니는 007시리즈를 좋아해서 어렸을 때부터 나를 데려고 영화관에 다니셨다. (여담이지만, 나는 부지런히 돈을 모아 〈007 러시아에서 사랑을 싣고/위기일발〉에서 제임스 본드(숀 코너리)가 차고 나온 시계를 샀는데, 지금도 애용하는 물건이다.)

전통이 있는 시리즈 영화에서 주인공의 '젊은 시절'을 보여줌으로써 다시 한 번 인기를 얻으려는 것은 매우 상투적인 수법이다. 〈배트맨〉과 〈배트맨 비긴즈〉에서도 동일한 수법을 이용해 하락하는 인기의 완충지대를 마련했다. 예를 들어 어떤 브랜드가 사람들의 인기를 끌면 브랜드의 기원을 설명하는 수법과 동일하다.

참고로, 007시리즈의 저작권은 브로콜리 가문이 소유하고 있다. 그래서 늘 영화에 이름이 크게 등장한다. 브로콜리 가문은 채소인 브로콜리 보급에도 힘을 쏟았다.

언제나 △△로 길을 개척하다, 〈록키 발보아〉

• 원제 : Rocky Balboa
• 제작 연도 : 2006년
• 제작국 : 미국
• 감독 : 실베스터 스탤론
• 출연 : 실베스터 스탤론

〈록키〉 시리즈는 누구나 알고 있듯 실베스터 스탤론의 출세작이다. 주인공 록키는 필라델피아의 무명 프로복서. 서른이 넘어서도 두각을 드러내지 못한 존재였다. 그는 친구의 여동생 에드리안(탈리아 샤이어)을 사랑하지만 그녀의 마음을 얻지 못한다. 그런 록키에게 기회가 찾아온다. 헤비급 챔피언 아폴로가 무명의 복서와 대결하겠다고 선언하는데 그 상대로 록키가 뽑힌 것이다.

〈록키〉는 줄거리만으로도 충분히 매력적이지만 실베스터 스탤론의 실제 삶과 중첩되는 부분이 많아 더욱 흥미롭다. 실베스터 스탤론은 뉴욕의 빈민가 출신으로 이탈리아계 미국인이다. 태어날 때부터 왼쪽 턱이 움직이지 않아 특유의 말투가 만들어졌다고 한다. 핸디캡을 지닌 실베스터 스탤론은 대학을 졸업하고 영화계로 뛰어들지만 무명시절이 계속된다. 그래서 그는 스스로 자신의 삶과 유사한 내용을 지닌 〈록키〉를 극본으로 만들어 영화사를 찾아다녔다. 결국

156

저예산으로 제작된 영화는 보는 이들에게 위로를 주는 내용으로 평가받으며 큰 인기를 모아 아카데미 작품상까지 수상한다. 이른바 혼자서 일으킨 '창업'이라 할 만하다.

그러나 실베스터 스탤론의 진면목은 그 후부터 발휘된다. 〈록키〉하나만으로는 인기를 오래 지속시킬 수 없다고 생각한 실베스터 스탤론은 상품의 다각화를 목표로 한다. 그는 인기가 기울면 새로운 기획을 고민하고, 때로는 각본 집필에서 판매에 이르기까지 모든 작업을 '스스로' 해내면서 다양한 새 분야에 도전했다. 〈엄마는 해결사〉(코미디), 〈캅 랜드〉(형사물), 〈클리프행어〉(모험), 〈드리븐〉(도전·감동) 등이 결과물이다. 실로 다각화를 통한 기업개혁이라 할 수 있다. 이를 테면 실베스터 스탤론은 중소기업을 일으킨 CEO인 셈이다.

한편 자신의 원점이라 할 수 있는 〈록키〉도 시리즈 작품으로 완성했다. 첫 번째 작품의 등장이 1976년인 것을 떠올려 보면 무려 30년 동안이나 계속 제작된 시리즈 영화다. 〈록키〉 시리즈는 기본적으로 제작 시기와 영화 속의 시간을 연동해 설정하고 있기 때문에 록키도 실베스터 스탤론과 함께 나이 들어간다.

〈록키 발보아〉에서 록키는 스탤론(60세)과 동년배로 설정되어 있다. 내용은 이렇다. 어느 TV프로그램에서 현재의 젊은 챔피언과 전성기의 록키를 컴퓨터 게임을 통한 가상 경기로 대결시키는 장면이 그려지는데, 결과는 록키의 승리였다. 이 결과에 현재의 챔피언이 격분하면서 실전을 통해 록키와 승부를 가르겠다고 주장한다. 영화에서 챔피언을 연기한 사람은 실제 현역 복서(안토니오 타버)로, 라이트헤비급 세

게 챔피언이다. 마이크 타이슨도 얼굴을 내민다.

노령에 접어든 록키의 입장에서 보자면 솔직히 말해 귀찮은 일이 아닐 수 없다. 그러나 역시 록키답게 최선을 다해 경기에 임한다. 환갑이라는 노령의 육체에 채찍을 가하면서 온 힘을 다해 달리고 윗몸 일으키기와 같은 고전적인 훈련을 계속하면서, 진부한 설정이기는 하지만 엄청난 양의 날달걀을 먹는다. (그는 날달걀을 먹는 것을 아주 싫어했다는 후문이다.) 그러나 록키, 곧 실베스터 스탤론이 그 나이에 과혹한 훈련을 이겨내고 근육질의 몸을 되찾았으니 대단한 일이 아닐 수 없다. 몸만들기에 지나치게 몰두한 나머지 홍보 차 호주를 방문했을 때는 허가가 안 된 근육강장제를 보유한 혐의로 공항에서 몇 시간 구류당하기도 했지만, 그 정도는 애교로 봐줄 수 있을 것이다.

그와 반대로 사회에는 기력을 잃고 낭비하듯 시간을 허비하는 사람들도 많다. 실베스터 스탤론보다 연소한 필자 역시 무심코 "젊었을 때처럼 안 되는군!"이라는 말을 내뱉고 만다. 그러나 최선을 다하는 록키를 보면 좋든 싫든 의욕이 샘솟는다. 언제나처럼 빌 콘티의 음악이 그런 감정에 더욱 힘을 실어준다. 이 영화는 경영자들이 꼭 봤으면 좋겠다. 경영자들에게 활기가 없으면 기업이 활기를 가질 수가 없다. 기력을 잃으면 장애(불황)를 극복할 수 없다.

참고로, 일본의 영화 광고에는 '〈록키 발보아〉로 완결'이라는 표현을 사용하고 있다. 정말로 그렇게 될까? 〈록키〉 5편의 일본판 타이틀은 〈록키 5 : 최후의 드라마〉라고 붙여졌지만, 원제에는 1, 2, 3, 4, 5라는 단순 번호가 붙여져 있을 따름이다. 이 작품의 원제도 록키의

본명인 'Rocky Balboa'일 뿐 완결편임을 강조하는 표현은 없다. 할리우드에서 엄청난 달러 박스인 시리즈 영화를 그만둘 리가 없다. 다음 편은 전례에 따라 〈록키 더 비긴즈〉가 될지 누가 알겠는가.

2. 마케팅의 시네마 경제학

상대방의 마음이 곧 마케팅이다, 〈왓 위민 원트〉

• 원제 : What Women Want
• 제작 연도 : 2000년
• 제작국 : 미국
• 감독 : 낸시 마이어스
• 출연 : 멜 깁슨, 헬렌 헌트, 마리사 토메이, 베트 미들러

〈왓 위민 원트〉는 필자도 생활한 적이 있는 시카고를 배경으로 2000년에 제작된 러브 코미디의 수작이다. 〈이보다 더 좋을 순 없다〉로 1997년 아카데미 여우주연상을 수상한 헬렌 헌트와 〈브레이브 하트〉로 1995년 아카데미상 남우주연상이 아닌 작품상과 감독상을 수상한 멜 깁슨이라는 아카데미상 수상 콤비가 만든 영화이다.

멜 깁슨이 연기하는 닉은 시카고의 광고회사에 근무하는 유능한 기획자로, 여성들에게도 인기 많은 이혼남이다. 그러나 뜻밖에도 라

이벌 광고회사에서 스카우트된 달시(헬렌 헌트)가 닉의 상사로 부임하게 된다. 회사에서 여성을 위한 광고를 시작하기로 한 것이다. 닉은 여성의 마음을 읽을 줄 알아야 한다며 달시가 건넨 여성용 속옷을 입어보기도 하고 화장품을 발라보기도 한다. 그러던 어느 날 우연히 목욕탕에서 드라이어기와 함께 욕조에 빠지면서 전기 쇼크로 '갑작스럽게' 여자의 마음을 알게 된다.

라이벌 기업에서 상사로 스카우트된 후 납득할 만한 실적을 올리지 못하면 해고되는 것은 미국의 기업 구조를 잘 알게 해주는 부분이다. 하지만 영화에서 닉이 대결 상대로 등장한 여성 상사와 거꾸로 사랑에 빠지고 마는 것은 로맨틱 코미디의 상투적인 패턴이다.

외화가 일본에 소개될 때 간혹 이해하기 힘든 제목들이 붙곤 하는데, 일본판 타이틀 〈하트 오브 우먼〉에 대해서도 뭐라 할 말이 없다. 원제는 'What Women Want(여성이 원하는 것)', 즉 마케팅의 기본이자 정답이다.

흔히 마케팅을 판매, 즉 영업과 혼동하는 경우가 있는데 그것은 사실이 아니다. 대상이 되는 고객(시장)의 니즈와 욕구를 잘 파악한 후 그것에 가장 적합한 제품(상품)을 제공하는 것이 곧 마케팅이다. 즉, 마케팅이 완벽하다면 판매(영업)는 필요 없어진다. 자신이라는 상품을 상대방에게 최대한 맞추어 판매하는 '연애'야말로 마케팅적 사고방식이 가장 잘 발휘되는 분야라 할 수 있다. 그래서 업무에서 유능한 사람은 이성에게도 인기가 많다.

특히 이 영화에서는 변덕이 심한 여성의 마음을 여성 감독인 낸

시 마이어스가 제작, 각본까지 도맡아 멋지게 그려내고 있다.

참고로 연애를 다룬 영화에서는 해피엔드가 많다. 아마 이 영화처럼 상대방의 마음을 잘 알지 못해 이루어지지 않는 사랑이 많은 현실을 반영해서 그럴 것이다. 간혹 어두운 영화를 좋아하는 사람들이 있는데 오히려 그런 사람은 실제로 아주 즐거운 날들을 보내고 있을지 모른다.

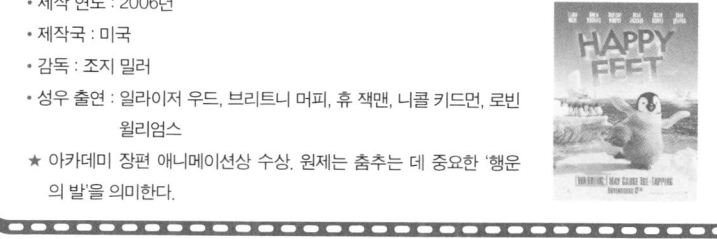

잘 팔려면 사람들이 좋아하는 것들로 채워라, 〈해피 피트〉

- 원제 : Happy Feet
- 제작 연도 : 2006년
- 제작국 : 미국
- 감독 : 조지 밀러
- 성우 출연 : 일라이저 우드, 브리트니 머피, 휴 잭맨, 니콜 키드먼, 로빈 윌리엄스
★ 아카데미 장편 애니메이션상 수상. 원제는 춤추는 데 중요한 '행운의 발'을 의미한다.

마케팅이라는 단어는 비즈니스에서 자주 듣는 단어이기도 하고 학교에서도 가르치지만, 사실 잘 이해되지 않는 부분이 있다. 기본적으로 서구에서 유입된 경제용어는 문화와 역사가 다른 동양인에게 확실한 느낌으로 다가오지 않는 것들이 많다.

마케팅에 대해서는 다양한 정의가 내려진다. 영어를 그대로 직역

한 듯한 내용도 많다. 가장 알기 쉬운 마케팅에 대한 정의는 '기업이 이윤을 위해 고객과 소비자의 기호나 동향을 조사하고 분석한 것을 바탕으로 해서 상품과 서비스를 개발하고 판매하는 것'이다. 한마디로 '상품·서비스의 기획 및 전략'이라고 하면 알기 쉽다. 그것이 최고의 수준에 도달하면 피터 드러커가 말했듯 굳이 영업이라는 행위가 필요하지 않게 된다.

그래도 완전히 이해가 되지 않는 사람들에게 영화 〈해피 피트〉를 추천한다. 2006년 아카데미 장편 애니메이션 영화상을 수상한 작품이다. 최근 미국의 애니메이션의 마케팅은 참으로 절묘하다. 사람들이 좋아하도록 잘 만든다는 말이다. 아이들뿐 아니라 어른들도 좋아할 만한 장치를 곳곳에 설치해 두었다. (〈슈렉〉이 그 대표적인 작품이다.) 〈해피 피트〉를 보면 마케팅의 비결은 '정확하게 사람들이 좋아할 만한 요소를 가미하는 것'임을 잘 이해할 수 있을 것이다. 이 작품이 마케팅적으로 뛰어난 다섯 가지 이유를 설명해 보자.

첫 번째는 이 영화의 주인공이 펭귄이라는 사실이다. 영화 제작을 하기에 앞서 실시한 사전조사에서 가장 인기 있는 동물은 개, 고양이, 돌고래, 그리고 그다음이 펭귄이었다고 한다. 펭귄도 꽤 상위권이다. 그러고 보면 지금까지 개, 고양이, 돌고래가 주인공으로 등장하는 영화나 드라마들도 참 많다. 그밖에도 펭귄을 주인공으로 한 〈서핑 업〉이라는 대작도 나왔다.

두 번째는 이 작품이 다루는 주제다 즉 남들과는 다른, 일반적으로 열등하다고 여겨지는 부분을 장점으로 승화시켜 가는 '개인의 삶'

을 다루고 있다. 콤플렉스를 극복해 나가는 전개인 것이다. 주인공인 펭귄 멈블은 펭귄으로서의 필수 요소인 노래가 젬병이어서 노래를 불러야 할 곳에서 춤을 춰버릴 정도다. 그래서 처음에는 전통적인 펭귄 사회로부터 소외되지만 마지막에는 오히려 그 '개성'이 보상을 받는다.

세 번째는 개인을 초월한 환경, 특히 최근 경제의 최대 문제로 부상한 지구온난화에 대응해야 한다는 사회적인 문제의식 때문이다. 말하자면 현 시점에서 사람들이 아주 관심을 가지고 좋아할 만한 토픽을 고른 셈이다. 더욱이 무대가 남극이기 때문에 온난화에 의해 빙하가 녹아가고 있다는 문제점도 자연스럽게 제기하고 있다. (지구온난화 문제를 다룬 〈불편한 진실〉도 아카데미 장편 다큐멘터리상을 수상했다.)

네 번째로는 진화한 CG다. 이 영화의 CG는 펭귄의 털 한 올 한 올과 푹신해 보이는 결까지 섬세하게 표현할 수 있을 만큼 놀라운 정밀함을 보여주고 있다. 실사 영화를 뛰어넘는 영상이다.

다섯 번째는 목소리 더빙의 화려한 캐스팅이다. 주인공 멈블의 목소리를 맡은 것은 〈반지의 제왕〉의 이라이저 우드, 아버지 멤피스는 〈엑스맨 탄생 : 울버린〉의 휴 잭맨, 어머니 노마 진은 〈디 아워스〉의 니콜 키드먼, 그 외에도 〈굿모닝 베트남〉의 로빈 윌리엄스도 참여하고 있다.

이 영화에는 이처럼 사람들에게 어필할 만한 요소가 넘칠 만큼 담겨 있다. 마케팅이란 사람들이 좋아할 만한 요소를 풍성하게 담아내는 작업이기도 하다. 그 증거로 이 작품은 세계적으로 흥행에 성

공했다. 뒤집어 말하면 사람들이 좋아하지 않으면 마케팅이 성공했다고 할 수 없다는 뜻이다.

배출권거래제

1997년 12월 기후변화협약 제3차 당사국총회(교토에서 개최)에서 채택된 '교토의정서'에 의해 규정된 6대 온실가스(이산화탄소, 메탄, 아산화질소, 과불화탄소, 수소불화탄소, 육불화황)의 배출량이 높은 국가가 그렇지 않은 국가에게 '배출권'을 구매하게 한 제도이다. 배출권 공급자로 지정된 국가는 온실가스 감소에 관한 성과를 보여줘야 하는데, 캐나다·일본·유럽·러시아 등 38개 선진국의 경우 2008부터 2012년까지 오염물질 배출량을 1990년을 기준으로 하여 5.2% 감소해야 한다. 뿐만 아니라 기술 개발을 통한 에너지 효율성 증대, 온실가스 흡수원과 저장원 보호, 대체에너지 개발 등에도 힘써야 한다. 의무감축량이 할당된 국가는 해당 국가의 기업에게 감축량을 나눠주는데, 이렇게 지정된 기업과 국가는 배출량 한도(cap)를 갖는다. 이 한도를 두고 거래하는 것을 'Cap & Trading'이라고 하며, 이것을 거래하는 시장을 할당량 시장(allowances market)이라고 한다. 여기서 나온 배출권은 AAUs(Assigned Amount Units)라고 한다. 이산화탄소 1톤(metric ton)당 약 17유로 정도에 거래되고 있다. 교토의정서에 참여한 주요 국가 이외의 중국·인도·브라질 등은 이산화탄소 배출량을 줄여도 이익이 없지만, 배출한도가 지정된 국가 이외의 다른 국가나 기업이 이산화탄소를 줄이면 이를 배출권으로 인정해주는 시장도 있다.

청정개발체제(CDM·Clean Development Mechanism)라고 부르는 이러한 사업으로 인해 세계 각국에 배출권 거래시장이 개설되었는데, 2002년 4월에 영국 런던 증권거래소에 '온실가스 배출권 거래시장'이 개설되었고 2005년 1월에 영국 런던국제석유거래소(IPE), 독일 율버에너지거래소(IPE) 등에서 이산화탄소 배출권 거래를 시작했다. 2005년 2월에는 노르웨이의 노르드풀 전력거래소에서 온실가스 배출권 거래가 시작되었으며, 파리 증권거래소 유로넥스트와 블루넥스트가 공동으로 2008년 1월부터 배출권 관련 거래를 운영하기 시작했다.

경제 악화의 주범, 저작권 침해, 〈다빈치 코드〉

- 원제 : The Da Vinci Code
- 제작 연도 : 2006년
- 제작국 : 미국
- 원작 : 댄 브라운
- 감독 : 론 하워드
- 출연 : 톰 행크스, 장 르노, 오드리 토투, 이안 맥켈런, 폴 베타니

댄 브라운의 경이적인 베스트셀러가 영화화되어 2006년 5월부터 일본을 비롯해 전 세계적으로 동시 개봉했다. 2003년에 출판된 소설은 전 세계에서 약 5천만 부, 일본에서도 약 5백만 부가 팔린 '괴물 같은' 작품이다.

줄거리는 이렇다. 루브르 미술관 관장인 소니에르가 마치 어떤 의도라도 담긴 듯 다빈치의 〈인체도〉와 똑같은 모양으로 관내에서 무참하게 살해당하는 사건이 일어난다. 관장과 면담 예정에 있던 하버드 대학 교수인 로버트 랭던(톰 행크스)은 살해용의자로 의심을 받으면서 종교적인 사건에 연루된다. 프랑스의 경찰 파슈 형사(장 르노)에게 쫓기면서 관장의 손녀인 소피(오드리 토투)의 도움으로 루브르 미술관에 있는 다빈치의 〈모나리자〉, 〈암굴의 성모〉 그리고 〈최후의 만찬〉에 감춰진 암호를 해석하고 2천 년 동안 봉인되어 온 비밀을 해명해 나간다. 물론 비밀은 작가의 독창적인 해석과 상상력에 의한 것으로

생각된다. (영화는 실제로 루브르 미술관에서 야간과 휴관일인 화요일에 촬영되었다.)

영화는 원작 소설을 충실하게 재현하면서도 영화만이 지니는 화려함으로 매력을 발산한다. 참고로 덧붙이면 '레오나르도 다빈치'라는 이름의 의미는 이탈리아어로 '빈치 마을의 레오나르도'라는 것이다. 〈다빈치 코드〉라는 제목도 인명을 취하지 않고 지명을 취한 것이라 무슨 의도가 있을까 생각하게 만든다. 물론 '레오나르도 코드'보다는 훨씬 더 인상적인 표현이다. 사실은 거기에도 비밀이 숨겨져 있다.

이 작품은 비밀 유지를 위해 영화사상 아주 이례적으로 시사회조차 이루어지지 않았다. 일반적으로 영화가 만들어지면 영화평론가나 기자들을 위해 몇 개월 전부터 여러 차례에 걸쳐 시사회가 개최되기 마련이다. 그러나 〈다빈치 코드〉는 칸 영화제의 개막작으로 프리미엄 시사회가 한 차례 있었을 뿐, 세상에 정식으로 개봉된 것은 칸 영화제의 개막일(5월 17일) 다음 날이었다. 영화의 필름이 수입된 것도 며칠 전이었다.

그토록 철저하게 비밀을 유지하는 이유는 노출을 최소화해서 상품의 가치를 높이려는 의도와 함께 위법적인 저작권 침해(해적판)를 방지하기 위한 대책이기도 하다. 최근 영화계에서 중대한 문제로 떠오르는 것이 바로 저작권 침해다.

저작권 침해를 가리키는 영어 파이러시(piracy)는 해적을 가리키는 파이러트(pirate)라는 단어에서 파생된 말이다. 시사회나 해외의 극장에서 은밀하게 촬영한 후 그것을 비디오나 DVD로 만들어 판매하거

나 인터넷으로 판매하는 것이다. 극장에서 촬영했을 경우엔 앞 사람의 머리가 화면에 나오기도 한다. 저작권 침해는 '지적 재산'에 대한 문제일 뿐만 아니라 영화계, 나아가서는 선진국의 경제에도 악영향을 끼친다. 일본에서도 저작권 침해로 인한 연간 손실이 약 천억 엔을 웃돈다는 이야기가 있다. 그중 인터넷을 이용한 위법적인 거래는 약 2백억 엔을 넘는다고 한다. 더욱이 저작권 침해와 관련한 수익의 일부는 범죄조직으로 흘러들어간다.

이것은 지적 재산 전체의 문제이기도 하다. 우리는 일반적으로 경제규모를 GDP로 측정하는데, 한마디로 말해서 판매액의 집계다. 발전도상국의 경우는 단순히 물건의 매출 집계만으로 충분할 수 있지만, 선진국의 경우는 '물건'이라 정의할 수 있는 것의 범위가 매우 넓어 콘텐츠의 매출이 GDP를 높이는 요소의 하나다. 예를 들어 중국과 일본의 1인당 GDP는 30배가량 차이가 나는데, 일부에서는 콘텐츠의 매출 차이가 원인이라고 한다. 즉 이 저작권 침해 및 지적 재산의 문제는 경제에도 악영향을 미치는 것이다. 이에 대해서는 법률과 교육으로 대응할 수밖에 없다.

영화 개봉 당시 일본을 방문했던 톰 행크스와 장 르노를 인터뷰할 수 있었던 것은 신출내기 영화인으로서 정말로 기쁜 일이었다. 가까이서 본 톰 행크스의 초록빛 눈이 무척이나 인상적이었다.

베른 조약과 세계저작권협약

'베른 조약'은 문학과 미술 작품에 관한 국제 조약으로, 《레미제라블(Les Miserables)》의 저자로 유명한 '빅토르 위고'가 명예회장으로 있던 국제문예협회의 적극적인 주장에 의해 체결되었다. 20년마다 규정이 계정되었으며, 2008년까지 148개의 가맹국을 두었다.

'세계저작권협약'은 1952년 유네스코의 제창에 의해 설립된 협약으로, 지적 재산권 논쟁이 있을 시 베른 조약과 함께 가장 먼저 적용되는 협약이다. 가맹국의 국민 및 그 국가에서 최초로 만들어진 저작물을 보호 대상으로 한다.

두 조약으로 보호되는 저작물은 각국의 국내법을 통해 그 저작권이 보호되며, 베른 조약과 세계저작권협약의 적용을 동시에 받는 대상에 대해서는 베른 조약이 우선권을 갖게 된다.

베른 조약은 '무방식주의', 즉 저작권의 발생에 대해서는 어떠한 절차를 필요로 하지 않는다는 원칙을 갖고 있으며, 가맹국 이외의 장소에서 최초로 발표된 경우에는 가맹국의 국민이라도 보호를 받지 못한다는 '속지주의' 원칙도 갖고 있다.

세계저작권협약은 베른 조약의 무방식주의와는 달리, 작품을 저작한 후 등록을 해야 적용을 받을 수 있다. 등록된 작품에 대해서는 ©마크가 부여되며, 이것을 저작물에 표시하면 조약 가맹국에 대해서는 저작권이 보호된다. 가맹국 이외의 국가에서 보호받지 못한다는 원칙은 베른 조약과 동일하다.

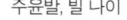

캐릭터에 승산이 있다, 〈캐리비안의 해적 : 세상의 끝에서〉

- 원제 : Pirates of the Caribbean: At World's End
- 제작 연도 : 2007년
- 제작국 : 미국
- 제작 : 제리 브룩하이머
- 감독 : 고어 버빈스키
- 출연 : 조니 뎁, 올랜도 블룸, 키이라 나이틀리, 제프리 러쉬,
  주윤발, 빌 나이

〈캐리비안의 해적: 세상의 끝에서〉는 〈캐리비안의 해적: 블랙펄의 저주〉, 〈캐리비안의 해적: 망자의 함〉에 이어 시리즈의 세 번째 작품이다. '영화사상 최대의 스케일로 선보이는 어드벤처 액션 대작'이라는 선전 문구는 조금 과장된 느낌이 있지만, 즐기기에 충분한 영화다.

이 작품은 디즈니랜드의 인기 어트랙션 '카리브의 해적'을 바탕으로 해서 만들어진 영화다. 마스카라가 좀 과한 감이 있는 고고한 해적 잭 스패로우(조니 뎁)가 영화의 주인공이다. 그리고 영국 식민지 총독의 딸 엘리자베스 스완(키이라 나이틀리), 청년 윌 터너(올랜도 블룸), 저주받은 해적 두목 바르보사(제프리 러쉬)에 각각 명배우들이 진을 치고 있다.

세 번째인 이번 작품에서는 카리브 해에서 아시아, 그리고 '세상의 끝(World End)'으로 무대를 넓혔다. 심해의 악령 데비 존스(빌 나이)와 동인도 회사의 커틀러 베켓(톰 홀랜더)이 결탁하자 해적들은 멸망의 위기에

처한다. 살아남을 방법은 잭 스패로우를 포함한 아홉 명의 해적들을 소집하는 것이다. 새로운 캐릭터로는 아시아인 해적 역할을 맡은 주윤발, 그리고 잭 스패로우의 아버지 역에 놀랍게도 록그룹 롤링스톤스의 키스 리처드가 등장한다. 조니 뎁이 키스 리처드의 열광적인 팬으로 잭 스패로우의 캐릭터를 만들 때 키스의 모습을 참고로 했다고 한다. 그러고 보니 잭 스패로우의 모습이 젊은 시절의 키스 리처드의 모습과 아주 다르지는 않다.

이 작품에서 특히 주목할 만한 것은 '최근 영화산업'의 동향이다. 지금까지는 영화를 기점으로 관련 상품이나 어트랙션, 게임 등이 파생되는 것이 일반적인 방식이었다. 〈스타워즈〉가 유행했을 때 같은 이름의 게임이나 어트랙션을 만들기도 하고 다스베이더의 마스크까지 만들어내는 방식이다. 그런데 이 같은 흐름이 변화하고 있다. 〈캐리비안의 해적〉은 전례와 달리, 조금 전에도 말했지만 반대로 디즈니랜드의 어트랙션을 모티브로 만든 작품이다. 배급은 물론 디즈니사에서 했다. 어트랙션 '카리브의 해적'에 가본 적이 있는 사람은 잘 알겠지만 시리즈 첫 번째의 스토리는 어트랙션에서 진행되는 코스를 거의 충실히 따르고 있다. 캐릭터의 디자인, 장면, 등장하는 개까지 똑같다.

최근의 영화 산업이 몇 가지 측면에서 변화하고 있다. 첫 번째 전략은 영화를 '거대화'시키고 있다는 점이다. 비즈니스, 즉 투자 금액이 거대화될수록 '안전책'을 선택하지 않을 수 없는데, 이번 영화의 안전책은 한때 인기를 누렸던 카드를 다시 한 번 꺼내드는 것이었다.

그것과 같은 전략으로 할리우드에서 활발하게 이루어지고 있는 것이, 해외에서 검증된 영화의 각본을 수입해 할리우드 영화로 다시 만드는 수법이다. 한국, 홍콩, 일본 영화까지 리메이크되고 있다.

이처럼 한 번 검증된 것(어트랙션, 원작, 캐릭터 등)을 다시 한 번 꺼내드는 것이 안전책 전략이다. 이번 영화도 디즈니에서 검증을 받은 어트랙션에서 발전한 것이다.

또 하나의 전략은 영화의 캐릭터 상품 같은 관련 상품의 매출액까지 포함해 종합적으로 투시한 다음 비즈니스를 전개한다는 점이다. 그래서 캐릭터 상품의 매출액도 중요한 비즈니스의 일부가 된다. 캐릭터는 사람들의 인상에 남기 쉽기 때문에 관련 상품의 매출액도 필연적으로 높아질 수 있다.

이와 같은 전략을 가장 효과적으로 전개하는 곳이, 이번 작품의 경우처럼 디즈니(옛 부에나비스타)다. 2005년 일본의 영업실적을 봐도 베스트 10에 다음과 같은 작품들이 포함되어 있다. 이 작품의 전편인 〈캐리비안의 해적: 망자의 함〉(2위), 성서를 바탕으로 했다는 〈나니아 연대기: 사자, 마녀 그리고 옷장〉(4위), 애니메이션 〈치킨 리틀〉(8위). 부에나비스타는 그 외에도 에어버스 A380*을 연상시키는 여객기 스릴러 영화 〈플라이트 플랜〉을 7위에 올려놓고 있다.

최근에는 다양한 형태의 업종과 제휴해서 실시하는 캠페인들도 눈에 띤다. 소비자들은 같은 물건이라면 캐릭터가 덤으로 붙은 상품

• 프랑스의 에어버스 인더스트리가 개발한 완전 2층 구조의 초대형 여객기.

을 구입할 확률이 더 높다(전문 용어로는 이것을 '인센티브'라고 한다). 캐릭터를 중심으로 하는 비즈니스 전개 방식은 영화 외의 분야에서도 많이 볼 수 있다. 말하자면 유행 수법이다. '잘만 하면' 엄청난 수익을 터트릴 수 있는 사업 분야인 것이다. 산리오에서 개발한 '키티짱' 캐릭터가 세계적인 붐을 일으켰던 것이 엊그제 같다. '피카추'도 엄청난 유명세를 탔다. 전일공(ANA)의 점보기를 봤을 때도 그랬지만 런던을 달리는 2층 버스에 '피카추'가 그려져 있는 것을 봤을 때는 정말 깜짝 놀랐다.

ANA나 런던의 버스 회사에서 '피카추'를 디자인한 것이 아니다. 세계적으로 인기가 있는 캐릭터를 자신의 회사에 도입함으로써 이미지 향상과 선전 효과, 그리고 그것들을 통한 매출 증진을 노린 것이다. 물론 제2의 산리오를 목표로 삼아 오로지 캐릭터 개발에 심혈을 기울이는 회사도 있다. 그리고 NTT 도코모*처럼 '도코모다케'**라고 하는 기업의 독자적인 캐릭터를 개발하는 곳도 있다.

이렇게 보면 주인공을 어떤 캐릭터로 완성할 것인가 하는 문제는 스토리를 만들어내는 것 이상으로 중요한 것일 수 있다. 그런 점에서도 이 영화는 대성공을 거두었다고 할 수 있다. 이기적인 행동만 일삼는 해적이면서도 가끔씩은 머리를 갸웃거리게 만드는 이타적인 행동, 야비함 속에 드러나는 기품, 빈틈없어 보이면서도 언뜻언뜻 보

• NTT DoCoMo Inc. 휴대전화 등의 무선 통신 서비스를 제공하는 일본 최대의 기업. 일본전신전화 주식회사(NTT)의 특정 자회사이다.
•• 2005년 1월부터의 NTT 도코모의 요금 안내 광고와 팸플릿에 등장하는 죽순 모양의 마스코트 캐릭터.

이는 덜렁대는 성격, 강인하면서도 약한, 한마디로 규정지을 수 없는 잭 스패로우의 깊이를 느끼게 하는 인간성이 예측 불가능한 스토리와 절묘하게 조화를 이루면서 공감을 불러일으킨다.

　디즈니 스토어에서도 잭 스패로우의 상품은 인기라고 한다. 잭 스패로우는 어트랙션을 기점으로 해서, 영화를 경유하면서 완성된 캐릭터다. 이처럼 다양한 것들을 '복합적'으로 결합해서 인지도를 높이고 종합적으로 매출을 높이는 것이 최근의 영화 산업에서 유행하고 있는 전략이다.

3. 기술개혁의 시네마 경제학

구체적인 '꿈'이 곧 과학기술의 원정, 〈썬더버드〉

- 원제 : Thunderbirds
- 제작 연도 : 2004년
- 제작국 : 미국/영국
- 감독 : 조나단 플레이크
- 출연 : 안소니 에드워즈, 빌 팩스톤, 소피아 마일즈, 벤 킹슬리

중년 남성이라면 어린시절 TV에서 하던 인형극 〈썬더버드〉를 기억하고 있을 것이다. 오리지널은 1965년에 영국에서 시작한 TV프로그램이다. 슈퍼 마리오네이션('마리오네트'는 조종 인형)이라 불리는 특수한 방식을 사용한 인형극이었다. 필자가 놀란 것은 주인공이 미국인 대부호인데 극 자체는 '영국산'이라는 점이다. 제목에 사용된 썬더버드(천둥새)는 미국 원주민들이 신앙하던 새의 이름이고, 출격할 때 외치는 "썬더버드 출동!(Thunderbirds are go!)"이라는 말도 미국식 영어다. 이렇

게 사소한 곳의 섬세함이 감동을 준다.

영화 〈썬더버드〉는 2004년에 제작되었으니 실로 39년 만의 재등장이라 볼 수 있다. 이번에는 인형극이 아닌 실사로 인형 대신 사람이 연기를 한다. 놀라운 사실은 영국의 오리지널 인형극은 미국 3대 네트워크와 계약이 성립되지 않아 미국에서는 정식으로 방송된 적이 없다고 한다. 스토리는 무척이나 심플하다. 우주 비행사 출신의 대부호—어떻게 해서 엄청난 부호가 되었는지는 알 수 없다—인 제프 트레시는 아들들(오리지널에서보다는 젊다)과 함께 지구는 물론 우주까지 포함하는 '국제구조대(IR, International Rescue)'를 결성해 구조 활동을 벌인다. 제프가 눈사태 때문에 부인을 잃었다는 것이 구조 활동을 하게 된 이유다. 그런데 초능력을 지닌 숙적 후드의 책략으로 제프와 아들들은 우주에서 꼼짝 못하는 처지가 되고, 후드는 썬더버드 2호와 두더지 탱크를 이용해 은행을 습격하는 등 악행을 일삼는다. 참고로, 후드가 맨 처음 표적으로 삼은 '런던은행'의 건물은 실제로는 '내셔널 갤러리'이다. 그런 상황에서 제프의 막내아들이 중심이 된 소년들의 활약으로 아버지를 구조하고 후드를 체포한다는 이야기다.

스토리와 배우들도 그렇지만 〈썬더버드〉 최고의 볼거리는 뭐니 뭐니 해도 '메카닉' 부분으로, 기본적인 설정은 오리지널 인형극과 크게 다르지 않다. 우선 '비밀기지'(단어의 어감만으로도 모험심을 자극한다)인 트레이시 아일랜드는 열대 남태평양에 있다고 설정되어 있다(실제로 촬영은 아프리카의 인도양 서부 마다가스카르 북동쪽에 있는 섬나라 세이셸에서 이루어졌다고 한다).

영화에 등장하는 주력 기기들을 소개하면 다음과 같다. 초음속

176

제트기(로켓이 아니다) 1호, 구조 메카 수송기 2호, 우주 로켓 3호, 소형 잠수함 4호, 정보 수집을 위한 우주 스테이션 5호다. 이 중에서 최고의 인기는 2호다. 컨테이너를 장착한다는 아이디어도 좋았지만 특히 디자인이 멋지다. 초록색 모양의 대형 2호의 동력은 원자력으로, 전장 약 46미터, 폭이 약 34미터(오리지널에서는 전장 약 76미터, 폭은 약 55미터)나 된다(그렇다면 옆에서 쓰러지는 야자수는 엄청난 거목!). 이번 영화에서 탑승하는 제트기 두더지도 중요한 아이템이다. 1호도 성능이 좋아 시속 2만 4천 킬로미터로 비행을 한다. 경이로운 기계적 성능을 꼽아보자면 한도 끝도 없다.

사실 SF영화와 경제발전은 서로 밀접하게 관련되어 있다. 예를 들어 일본에서도 출자하는 국제 우주스테이션(ISS) 내의 유인 우주시설 '희망'은 '썬더버드'의 세계다. 휴대용 TV전화, 스페이스 셔틀, 스텔스 전투기, 그리고 국제 우주스테이션도 영화에서는 상당히 오래전부터 등장한 것들이다.

SF영화는 인류의 꿈에 대한 구체적인 상을 보여준다. 현실에는 존재하지 않는 세계를 리얼한 영상으로 보여줌으로써, 꿈은 구체적인 목표가 되고 기술혁신을 이끌어내는 원동력이 되는 것이다.

우주 관련 기술을 비롯한 과학의 진보는 결코 후퇴하지 않는다. 과학은 시간이 소요되는 일은 있을지언정 착실하게 전진하면서 사회와 경제의 변혁을 촉진한다. 이것이 곧 오스트리아의 경제학자 슘페터가 주창했던 이노베이션이다.

영화는 우리들에게 구체적인 꿈을 준다. '구체적인 모습이 된 꿈'은

실현 가능성도 높다. 스필버그나 루카스 감독도 수많은 영화들을 통해 우리들에게 근 미래의 꿈을 만들어주었다. 물론 영화에서처럼 온난화로 인해 지구환경이 악화되어 인류가 최후의 개척지로 생각하는 우주로 이주해야만 하는 날은 절대 오지 않기를 바라지만 말이다.

감독은 〈스타트렉〉 뉴 시리즈에서 부함장 역할을 맡았던 조나단 플레이크다. 〈스타트렉〉에서도 메커니즘이 중요한 역할을 하기 때문에 메커니즘을 효과적으로 활용하는 비결도 잘 알고 있을 것이다.

길을 개척하는 것은 언제나 창조성, 〈카포티〉

- 원제 : Capote
- 제작 연도 : 2005년
- 제작국 : 미국
- 감독 : 베넷 밀러
- 출연 : 필립 세이모어 호프만, 캐서린 키너, 크리스 쿠퍼
★ 제작 총지휘와 주연을 겸한 필립 세이모어 호프만은 이 작품으
  로 아카데미 남우주연상을 수상했다.

〈카포티〉는 천재 소설가라 불렸던 트루먼 카포티가 그의 대표
작 《인 콜드 블러드(In Cold Blood)》를 썼던 6년 동안을 그린 영화다. 6
년이라는 시간은 카포티를 크게 변화시켰다. 그는 필자도 아주 좋아
하는 영화 〈티파니에서 아침을〉의 원작자이기도 하다. 《인 콜드 블
러드》도 영화로 만들어졌다. 그는 〈5인의 탐정가〉(1976)나 〈애니홀〉
(1977) 같은 영화에 배우로 출연하기도 했다.

카포티는 1924년 뉴올리언스에서 태어났다. 그의 성장과정은 불행
했다. 부모가 이혼한 후 카포티는 어머니와 함께 생활했지만 늘 친척
집을 전전해야 했고, 어머니는 자살한다. 복잡하고 섬세하면서도 굴
절된 성격으로 성장했지만 삐뚤어졌다기보다는 오히려 사교적인 인
물이었다. 게이라는 사실도 당당히 밝혔다. 독학으로 8살 때부터 글
을 쓰기 시작해 글쓰기가 자신의 모든 것이라 굳게 믿었다. 자신의
나약함을 감추기 위해서인지 늘 술(진 토닉을 좋아했다)과 함께 지내다, 결

국 알코올과 마약 중독, 우울증을 안고서 1984년 향년 59세의 나이로 세상을 떠났다.

《인 콜드 블러드》는 미국 캔자스 주의 시골마을에서 농부 일가족 4명이 참살당한 사건을 그린, 논픽션 소설의 선구적인 작품이다. 그러나 카포티는 이 소설을 완성한 후로 더 이상 작품을 쓸 수 없게 되었다. 범인과의 만남이 그에게 커다란 영향을 끼친 것이다.

범인의 한 사람인 페리 스미스는 미국 원주민의 혈통을 이어받은, 예술가적 기질을 소유한 인물이었다. 그는 유복하지 않은 환경에서 성장하면서 섬세함과 잔학성을 동시에 지닌 인물이었다. 카포티는 소설의 제재라고 하는 '객관성'을 가지고 글을 쓰기 시작했지만 머지 않아 범죄자에게 동조해가는 '주관성'을 갖게 된다. 언제부터인가 카포티의 일부가 범인과 동일화되어 간 것이다. 그리고 페리의 사형은 카포티에게 중대한 영향을 끼쳐 그의 미묘했던 정신적 균형을 더욱 깨트린다. 차분한 영상과 피아노 선율은 〈인테리어〉(1978)와 〈찬스〉(1993)를 떠올리게 하면서 투명한 감정에 젖게 한다.

카포티가 집필하는 모습을 사진으로 보면 주위에 원고와 자료들이 온통 널려 있어 고뇌하는 작가의 모습을 엿볼 수 있다. (필자도 글을 쓰는 사람이지만 책을 쓰는 동안은 카포티 이상으로 방 안이 너저분하다.) 새로운 것을 만들어내는 일, 즉 창조적인 작업은 몹시 어렵고 괴로운 일일 뿐만 아니라 열정과 고뇌가 동시에 뒤따르는 일이다. 어렸을 때 본 필자의 부모는 창조성이 요구되는 디자이너라는 직업 때문인지 늘 힘겨워 보였다. 미술대학에서 교편을 잡기도 했는데 제자들 중에는 유명한 영

화평론가도 있다.

경제, 특히 기업에 대해서도 같은 말을 할 수 있다. 일류 예술가들과 질은 다를지언정 '지금까지와 다른 새로운 무언가'를 만들어내야 한다는 고뇌야말로 곧 경영이라 할 수 있다. 고통스러운 일이지만 그것이 바로 이노베이션이며 기업을 성장시키는 데 반드시 필요한 요소다. 새로운 것을 만들어내려는 노력을 하지 않고 그저 현상 유지에만 골몰하는 관료적인 기업들에게 미래란 없다.

새로운 것이 사람들의 호감을 얻을 수 있을지 어떨지는 마케팅 기술이 아무리 발전했다고 하지만 확신할 수 없다. 뜻밖의 큰 인기를 얻을 수도 있다. (마케팅이 가장 발전했다는 미국 영화들 중에도 가끔은 '왜 이런 영화를 만들었을까?' 하는 느낌을 주는 태작들이 없는 것은 아니다.) 영화 〈카포티〉에서는 신작 소설의 경우 '낭독회'라고 하는 전초전을 통해 사전에 분위기를 확인해서 평가를 끌어올리는 수법이 소개되기도 한다.

지금의 우리들은 여러 가지 일들에 쫓겨 늘 분주하다. 하지만 구로사와 아키라 감독의 영화 〈아키루(살다)〉를 굳이 예로 들지 않더라도 톱니바퀴처럼 정해진 것만 하고 살기 위해서 우리들이 태어난 것은 아닐 것이다. 새로운 것을 만들어가지 않으면 허무하다. 특히 나이가 들어 뒤를 돌아보면 더 그렇게 느끼지 않을까.

4. 브랜드의 시네마 경제학

개성이 곧 브랜드, '다름'의 가치, 〈핸콕〉

• 원제 : Hancock
• 제작 연도 : 2008년
• 제작국 : 미국
• 감독 : 피터 버그
• 출연 : 윌 스미스, 샤를리즈 테론

〈핸콕〉은 아메리칸 코믹스를 통해 탄생하지 않은, 최근에 보기 드문 '영화 오리지널' 캐릭터가 활약하는 액션영화다. 2007년 연간 수입에서 8천만 달러(약 80억 엔)를 벌어들여 배우 부문 1위에 등극한 세계적인 스타 윌 스미스가 주인공으로 오스카상에 빛나는 여배우 샤를리즈 테론과 공연한다.

괴력을 지닌 핸콕은 지독한 술꾼으로 모두가 싫어하는 인물. 세상과 사람들을 위해 좋은 일을 하고 싶지만 정작 힘을 써야 할 곳을

제대로 알지 못한다. 나쁜 인간들을 물리치기도 하지만 사고를 막겠다고 무작정 열차를 급정거시키거나 고속도로를 파괴하는 등 공공시설을 훼손해 도합 9백만 달러(약 9억 엔)의 손해를 끼치며 도시의 재정을 압박하기도 한다. 그러나 자신이 생명을 구해준 PR전문가의 조언을 받아들여 시민들에게 피해를 주지 않고 진정한 사랑을 받는 영웅이 되고자 열심히 노력한다.

이 영화에 등장하는 영웅 핸콕은 무척 개성적이다. 개성적인 사람은 사람들에게 미움을 받을 가능성도 높다. 일본에서는 특히 더 그렇다. 그러나 다른 사람들과 똑같다면 가치는 생성되지 않는다. 다르기 때문에 가치가 있는 법이다. 즉, 희소가치라 할 수 있다.

경영과 경제개혁을 실시할 때도 종래와는 다른 방식으로 추진하는 것이 필요하다. 물론 아무리 개성적이라도 '실력'이 동반되지 않으면 무의미하다는 것은 기업이든 개인이든 마찬가지다. 이 작품에서도 악행을 일삼는 사람들이 나타나 도시가 극도로 황폐해지는데 경찰은 그것을 막아내지 못한다. 어쩔 수 없이 괴력을 지닌 핸콕에게 부탁하게 된다. 이 작품에서도 이렇게 말한다. "평범한 영웅으로는 이 세상을 구할 수가 없다!"

후반으로 가면 윌 스미스 특유의 코믹 연기가 관객들에게 웃음을 주면서 휴먼 드라마로 완성된다. 윌 스미스는 인터뷰에서 "언제나 모두를 놀라게 하는 것이 중요하다."고 했다. 평소 인터뷰할 때의 더없이 선량해 보이는 밝은 이미지와 영화 속에서 펼치는 대담한 연기는 최고의 배우만이 지니는 브랜드라 할 수 있다.

티파니의 브랜드 전략, 〈티파니에서 아침을〉

- 원제 : Breakfast At Tiffany's
- 제작 연도 : 1961년
- 제작국 : 미국
- 원작 : 트루먼 카포티
- 감독 : 블레이크 에드워즈
- 출연 : 오드리 헵번, 조지 페퍼드, 미키 루니
★ 아카데미 음악상 수상. 주제가는 헨리 맨시니 작곡의 '문 리버'이다.

〈티파니에서 아침을〉은 오프닝부터가 아주 근사하다. 필자가 태어나기 전인 1961년에 만들어졌지만 지금도 그 빛을 잃지 않고 있다. 노란색 택시가 새벽 무렵의 5번가(5th Ave.)의 티파니 본점 앞에서 멈추면 홀리 고라이틀리(오드리 헵번)가 멋진 검은색 드레스 차림으로 내려선다. 티파니의 쇼윈도 앞에서 데니시 페이스트리(네모난 크로와상)와 커피로 간단한 아침식사를 하는데, 그 모습이 검은색 드레스와 잘 어울려 멋진 그림을 만들어낸다.

고급 콜걸인 홀리는 자신이 처한 현실을 모른 척하는 자기중심적 여성이다. 그리고 남자들을 속여 돈을 벌어들이는 일에 열심이다. 그런 그녀에게 티파니는 꿈을 상징한다.

한편 폴(조지 페퍼드)은 인기 없는 소설가로 로마(〈로마의 휴일〉의 영향일까?)에서 홀리가 살고 있는 아파트의 위층으로 이사를 오면서 두 사람의 첫 만남이 이루어진다.

홀리는 텍사스 출신으로 14살에 결혼한 경험이 있다. 전 남편이 찾아오기도 하고 많은 남자들과 사귀면서 브라질 출신의 부자에게도 관심을 보인다. 폴은 가슴 아파하면서도 그런 홀리를 진심으로 사랑하게 된다. 그리고 홀리에게 용기를 내 현실을 직시하고 자기 자신을 사랑하는 법과 진정한 사랑이 무엇인지를 가르쳐준다. 홀리도 그것을 깨닫고 과자 봉지에 덤으로 따라온 것이지만 티파니에서 이니셜을 새긴 반지를 처음으로 자신의 손가락에 끼워 넣는다. 상처를 받으면서도 변함없는 사랑으로 그녀를 껴안아주는 폴이 곁에 있는 홀리는 행복한 사람이다.

일반적으로 소설을 영화로 만들면 해피엔딩이 되는 경향이 있다. (미국 영화에서는 그 경향이 더 뚜렷하다.) 트루먼 카포티의 베스트셀러 원작 소설에서 홀리는 다소 요부의 이미지로 마지막에는 폴을 버리고 브라질의 부자를 찾아 떠난다. 당초에는 마릴린 먼로를 주연으로 영화화가 계획되었다고 한다. 여담으로 덧붙이면, 파티에 초대받은 폴이 홀리에게 자신의 책을 선물하면서 "책장에 꽂아 두라."고 했던 대사가 너무나 근사해서, 필자도 글 쓰는 사람이 되고 싶었다.

이 영화 덕분에 많은 사람들이 알고 있는 티파니는 1837년에 창업한 고급 보석점으로 대표적인 브랜드의 하나다. 처음에는 은제품을 위주로 한 브랜드로, 특히 '오픈 하트'라 불리는 펜던트는 일본에서도 한 시절을 풍미할 만큼 인기를 모았다. 이 작품에서도 등장하는, 문양을 새겨주는 것은 티파니의 대표적인 서비스다. 그밖에도 가느다란 기둥 위에 다이아몬드를 얹어서 세팅하는 '티파니 세팅'이나 상자

와 포장지에 사용되는 '티파니 블루'는 상표로 등록되어 있다. 이른바 독창성을 바탕으로 한 것이다. 미국에 있을 때 윈도쇼핑을 가곤 했는데, 영화에서와 똑같이 점원들의 말투와 서비스는 정말로 훌륭했다. 세심한 배려에 놀랄 때도 많았다. 일본 미츠코시 백화점에 입점한 티파니가 특히 그런 분위기를 자아낸다.

기업은 보통 독자적인 '비즈니스 모델(수익을 올리는 구조)'을 가지고 활동을 하는데, 구성 요소는 크게 프로덕트(상품)와 프로세스(수법)로 나눌 수 있다. 그리고 비즈니스 모델은 매출액, 말하자면 고객과 시장의 평가에 따라 끊임없이 수정, 변경되어야 한다. 그 결과물로 얻어진 실적이 토대가 되어 브랜드라는 것이 탄생한다. '브랜드'라는 단어의 어원은 소나 말 같은 가축에 찍는 낙인으로서, 근대에 들어와서는 미국의 비누 회사가 타 회사의 제품과 구분하기 위해 자사의 상품에 찍기 시작했다고 한다. 가치란 이것과 저것의 '다름'에서 발생하는데, 브랜드도 '다름'을 부각시키는 것이 기본이다. 참고로, 이 같은 활동을 어떻게 하면 보다 효율적이고 전략적으로 실행할 수 있는지를 연구하는 학문이 '기업전략론'이다.

브랜드의 의미를 음미하고, 앞으로는 자신이 지닌 능력의 '다름'을 갈고닦아 자신의 브랜드화, 즉 '자기 브랜드'를 확립해 나가는 것이 보다 멋진 인생을 보내기 위한 비결일 것이다. 이것이 바로 진정한 브랜드 전략이 아닐까.

신흥 스타벅스의 브랜드 전략, 〈아이 엠 샘〉

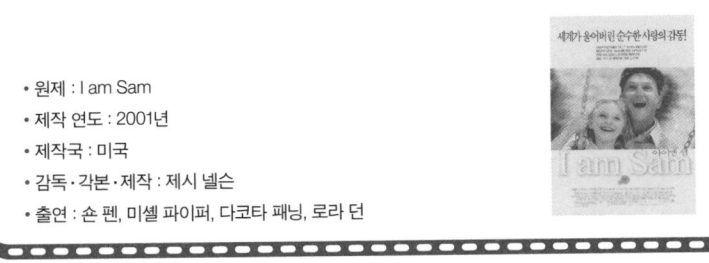

- 원제 : I am Sam
- 제작 연도 : 2001년
- 제작국 : 미국
- 감독·각본·제작 : 제시 넬슨
- 출연 : 숀 펜, 미셸 파이퍼, 다코타 패닝, 로라 던

필자가 연간 250편 정도의 엄청난 양의 영화를 보는 이유는 많이 보다 보면 미처 알지 못했던 훌륭한 작품들을 만날 수 있기 때문이다. 제대로 알지도 못하면서 싫어한다고 말하는 위험에 대처하는 방식이다. 그 같은 영화들 중의 하나가 〈아이 엠 샘〉이다. 처음에는 그저 진부한 내용의 슬픈 영화라고만 생각했는데, 예상을 뒤엎고 아주 괜찮은 영화였다. 외국에서 일본으로 돌아오는 비행기(ANA) 안에서 이 영화를 보게 되었는데, 나도 모르게 그만 눈물이 흘러 승무원이 걱정스럽게 말을 붙여올 정도였다. 그런 영화였다.

이 영화의 매력 포인트 중 하나는 다양한 가수들이 비틀즈의 노래를 부른다는 점이다. 특히 'Two of Us'는 숀 펜의 형인 마이클과 그의 아내 에이미 만의 연주다. 이 작품으로 일약 아역 스타로 발돋움한 다코타 패닝이 연기하는 루시라는 이름은 비틀즈의 'Lucy in the Sky with Diamond'에서 가져왔다고 한다. 그리고 이 영화의 부

제는 'Love is All You Need'이다. 부제에도 주목하기 바란다.

줄거리는 일곱 살의 지능을 지닌 샘(숀 펜)이 변호사 리타(미셸 파이퍼)와 함께 딸 루시를 되찾아 키운다는 이야기다. 처음 공공기관에서 루시를 샘으로부터 떼어놓는 이유는 루시가 일곱 살이 되면서 아버지의 지능을 넘게 되자, 아이의 성장을 위해 시설에서 교육받는 것이 더 낫다고 판단했기 때문이다. 공공기관의 행동은 어떤 의미에서 아주 타당한 것이라 할 수 있다. 그러나 거기에는 부족한 것이 두 가지 있다. 그것은 사랑과 그 사랑을 뒷받침하는 한결같은 마음이다. (사람의 마음을 최종적으로 움직이는 것이 이 두 가지다.)

유능한 변호사 리타는 늘 시간에 쫓겨 예민한 상태다. 현대 사회의 분주함에 떠밀려 거의 압사하기 직전인 것이다. 리타는 우연한 경로를 통해 샘의 변호를 맡게 되는데, 처음에는 거부감을 갖지만 점차 '따뜻하고 정직한 마음'을 되찾아 헌신적인 모습으로 변모한다. (이 변호사는 '참 멋진 캐릭터'라서 여배우라면 모두가 하고 싶을 만하다.) 두 사람이 대조적으로 펼치는 재판 과정에서 저절로 눈물이 흘렀다. 스트레스와 피로에 지친 사람들에게 특히 추천하고 싶은, 슬프지만 위로가 되는 작품이다.

영화에서 중요한 역할을 해내는 것이 샘의 일터인 스타벅스 커피 전문점이다. 영화에 등장했던 유명한 카페로는 파리의 푸케(fouquet's)가 있다. 세계적으로 유명한 약속 장소이기도 하다. 그런데 최근 미국 영화에서 반드시 등장하는 장소가 스타벅스 커피 전문점이다.

1990년대에 급속도로 보급된 스타벅스의 전략은 최근의 '브랜드

전략'에 편승한 것으로, 맛과 분위기, 공간 디자인 등을 효과적으로 결합해 이른바 스타벅스 브랜드를 구축해 나갔다. 초록색을 기조로 한 마크도 인상적이고, 그래서 아주 효과적이다. 스타벅스 마크가 그려진 테이크아웃 커피 잔은 라이프스타일의 일부가 되었다.

브랜드는 처음에 자사의 품질을 증명(약속)하기 위해 집어넣은 것이었다. 그러다가 회사 차원에서 보자면 마케팅 도구를 뛰어넘어 상품의 가치를 증폭시키는 효력을 발휘했고, 고객 입장에서 보면 사회적 지위를 나타내는 상징이 되었다. 현재 브랜드는 기업의 가치와 문화라는 사고방식에 따라 경제학의 연구 대상이기도 하다. 예컨대 모에—헤네시 루이비통(LVMH, Moët Hennessy·Louis Vuitton)은 루이비통을 위시해 셀린느, 지방시, 로에베, 펜디, 겐조와 같이 패션 관련 외에도 샴페인 브랜드 돈 페리옹이나 크루그, 브랜디 브랜드 헤네시와 같은 수많은 브랜드를 거느리고 있다.

수익창출을 위한 경제에서 중요한 것은 그 기업에서만 가능한 개별적인 가치다. 그 가치의 표현이 곧 브랜드이고, 브랜드는 신뢰를 보증한다. 저렴한 가격만 내세워 장기적으로 번영한 회사를 거의 찾아볼 수 없다. 그래서일까, 스타벅스는 결코 저렴한 가격을 지향하지는 않는다. 역시 거기에서만, 또는 그것만이 할 수 있다는 가치가 소중한 것이다.

5. 경영개혁의 시네마 경제학

기업 경영의 기본, 〈물랑루즈〉

- 원제 : Moulin Rouge
- 제작 연도 : 2001년
- 제작국 : 미국
- 감독 : 바즈 루어만
- 출연 : 니콜 키드먼, 이완 맥그리거, 존 레귀자모
★ 아카데미 미술상, 의상디자인상을 수상했다.

〈물랑루즈〉는 2002년 〈디 아워스〉로 아카데미 여우주연상을 수상한 니콜 키드먼의 2001년도 작품이다. 니콜 키드먼은 하와이 출신의 호주인으로, 하와이는 그녀의 아버지가 유학했던 곳이다. 다시 호주로 돌아가 14살에 영화배우로 데뷔했다. 호주는 미국을 중심으로 한 세계 영화계에 우수한 인재들을 다양하게 제공하고 있는 나라다. 멜 깁슨, 러셀 크로우, 가이 피어스, 제프리 러쉬(〈샤인〉), 그리고 여배우 케이트 블란쳇이 대표적이다. 이 영화의 감독 바즈 루어만도 호

주 출신이다. 바즈 루어만은 〈로미오와 줄리엣〉을 감독했고, 언제나 파워풀한 영화를 만드는 감독이다. 나중에 바즈 루어만 감독이 호주 출신의 배우들을 집결해 〈오스트레일리아〉(2008년)라고 하는 실로 '올 오스트레일리아' 영화가 제작된 것은 기억에 새롭다.

영화는 조연들이 있어야 비로소 돋보이는 법이다. 조연 배우들을 눈여겨보는 것도 영화를 즐기는 방법 중의 하나다. 이 작품에서 툴루즈 로트렉 역을 연기한 (외소한 몸집의 검은 머리에 수염을 기른 남자) 존 레귀자모는 은근한 매력을 풍기는 배우다. 〈로미오와 줄리엣〉에도 출연했고, 콜롬비아 출신이다.

〈물랑루즈(Moulin Rouge)〉는 프랑스어로, Moulin은 풍차를, Rouge는 붉은 색이라는 의미를 지닌다. 직역을 하면 '빨간 풍차'다. 배경은 1899년 파리의 고급 클럽 '물랑루즈'. 이 영화와는 다소 차이가 있지만 지금도 건전하면서도 화려한 쇼 클럽의 하나로 파리에 실재하며, 일본인들의 관광 코스에도 들어 있는 곳이다. 영화에서도 물랑루즈에서는 매일 밤 레뷰* 공연이 펼쳐진다.

물랑루즈의 고급 창녀 샤틴(니콜 키드먼)과 가난한 시인이자 각본가인 크리스티앙(이완 맥그리거)의 슬프고도, 그러나 조금은 단순한 러브 로맨스가 영화의 줄거리다. 두 사람은 격렬한 사랑에 빠지지만 샤틴이 결핵으로 죽음을 맞이하면서 결말을 맞는다.

• 춤과 노래, 시사 풍자 등을 엮어 구성한 가벼운 촌극. 화려한 무대 장치, 의상과 군무, 속도감 있는 장면 전환 등을 특색으로 하는 오락적 요소가 강한 쇼 형식의 하나. 19세기 초 프랑스에서 처음 공연되었고 19세기 말부터 20세기 초까지 미국과 영국에서 인기를 끌었다.

영화에서 공연되는 레뷰도 다소 중후한 느낌의 것들이 많다. 지배인이 큰 소리로 '물랑루즈!'라고 외치면 레뷰의 열기는 단숨에 후끈 달아오른다. 특히 마음에 드는 레뷰는 클럽 리뉴얼 기념 공연에서 상영된 인도풍의 스펙터클이다. 말 그대로 호화찬란해서 저절로 빨려든다.

그 외에도 귀에 익은 팝송들이 뮤지컬로 변신해 곳곳에서 흐른다. '사운드 오브 뮤직(The Sound of Music)', '유어 송(Your Song)', '머티리얼 걸(Material Girl)', '록산느(Roxanne)', '라이크 어 버진(Like A Virgin)', '네이추어 보이(Nature Boy)', 'All You Need Is Love', '사관과 신사(An Officer and a Gentleman)', 'I Will Always Love You' 등등, 영화에 흐르는 음악들을 열거하자면 끝이 없다.

그리고 경제적인 관점에서 보자면 이 작품은 기업 경영의 사례연구로 볼 수도 있다. 여주인공 샤틴을 연모하는 스폰서는 이른바 '주주(자본가)'로서 물랑루즈에 자금을 제공하면서 수익의 10%를 배당받기로 하는 계약을 체결한다. 지배인은 말 그대로 '경영자(CEO)'로서 클럽 경영을 위해 동분서주한다. 그는 클럽에서 일하는 사람들을 열심히 보살피면서, 때로는 감정을 억누르고 기업(클럽) 경영에 최선을 다한다. 그는 늘 "쇼는 계속되어야 한다."는 말을 입에 달고 산다. 여주인공이 로맨스에 빠지는 것도 경영난에 빠진 클럽을 재건하기 위해 지배인이 각본가를 크리스티앙으로 영입한 것이 계기다. 샤틴이 클럽을 위해 온 힘을 다해 무대에 오르는 것도 눈물겨운 장면이다.

즐거운 뮤지컬이면서 동시에 냉정한 기업 경영 수업이기도 하다.

미국 자동차 업계와 환경 대책, 〈마이 블루베리 나이츠〉

- 원제 : My Blueberry Nights
- 제작 연도 : 2007년
- 제작국 : 홍콩/중국/프랑스
- 감독 : 왕가위
- 출연 : 노라 존스, 주드 로, 레이첼 웨이즈, 나탈리 포트만

〈마이 블루베리 나이츠〉는 스타일리시한 로드무비다. 주연은 달콤한 목소리로 그래미상을 수상한 노라 존스. 화려하지 않은 소박한 귀여움으로 현실감을 느끼게 하는 여성을 연기한다. 감독은 〈중경삼림〉 등 멋진 로맨스를 그리는 것이 주특기인 홍콩의 왕가위.

실연을 경험한 여자가 매일 밤 자신이 좋아했던 남자의 집 앞에 있는 카페를 찾는다. 카페의 주인(주드 로)은 그녀를 위해 (아주 맛있어 보이는) 블루베리 파이를 준비하고 상냥하게 대해준다. 마음을 정리하지 못한 채 그녀는 루트66°을 따라 미국을 횡단하는, 자신을 찾기 위한 자동차 여행을 떠난다. 여행 중에 다양한 사람들과 만나면서 진정으로 소중한 것을 발견해 나간다.

당연한 이야기지만 로드무비에 빼놓을 수 없는 것이 자동차다. 이

• 미국 동부 시카고의 레익 미시건에서 시작해 8개 주를 거쳐 캘리포니아 산타모니카 바닷가에 이르는 3,860Km의 대륙 횡단도로. 생명력을 가진 젖줄이라 해서 마더 로드(mother road)라고도 한다.

영화에서도 "차를 사고 싶은데." "새로 살 거라면 뷰익으로 사지." "새로 산 내 재규어를 줄게."와 같은 대사들이 등장한다. (결국 주인공은 중고 클라이슬러를 구입한다.) 뷰익은 미국을 대표하는 GM자동차의 브랜드다. 재규어는 과거에 고급 자동차의 대명사였지만 인도의 타타 모터스(Tata Motors Limited)에 인수되었다.

드넓은 국토를 보아도 알 수 있듯 미국인의 생활과 경제에서 자동차는 떼려야 뗄 수 없는 대상이다. 미국의 자동차 회사는 미국뿐만 아니라 전 세계를 대표하는 기업으로서 세계적인 자동차 회사들을 인수하거나 자금을 투자해왔다. 대중적인 소형차에서 고급 자동차에 이르기까지 단계적인 라인을 구성해서 각 소비자들에게 꿈과 만족을 제공하고 있다. 그와 같은 '브랜드 전략'과 자동차 대출금을 하나로 묶어 폭발적인 매출 신장을 기록했다.

그러나 1980년대 이후, 절전 기능에 뛰어나고 고장이 적은 일본 자동차의 진출, 수차례에 걸친 원유가의 폭등, 환경 문제에 대한 적절한 대응책 미비 등의 원인과 함께 세계적인 불황 속에서 이른바 빅3*는 경영 부진에 빠져들었다. 소비자와 사회의 니즈에 대한 대응력 약화도 원인의 하나로 작용했다. 최근에는 공적 보조금이 없으면 존속조차 어려운 상황에 놓여 있다.

이러한 때일수록 혁신(이노베이션)이 필요한 시기다. 그것을 깨달은 GM에서도 환경에 대응한 자동차 생산에 힘을 기울여, 가정에서 사

• 미국 3대 자동차 회사로, 제너럴 모터스(GM), 포드 모터, 크라이슬러를 가리킨다.

용하는 전원으로도 충전 가능한 플러그인 하이브리드카 '시보레 볼트'를 출시할 예정이다. 더욱이 하이브리드 엔진에서 중요한 역할을 하는 전지는 공간을 요하는 니켈수은 전지가 아닌 소형이면서 뛰어난 성능을 지닌 리튬이온 전지를 사용하고 있다.

자동차 업계의 특징은 자동차가 하나만 성공해도 기업의 분위기 전체를 한순간에 쇄신할 수 있다는 점이다. 이번 GM의 계획이 의도대로 실현될 것인지 시장이 주목하고 있다. GM의 성패가 곧 미국의 자동차 업계를 좌우한다고 해도 과언은 아니다.

 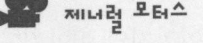 제너럴 모터스

1908년에 윌리엄 듀런트에 의해 설립되었다. 그는 원래 마차 제조업자였으며, 올즈모빌, 뷰익, 캐딜락 등 자동차 제조회사 및 부품회사를 흡수합병하여 기업의 규모를 키웠다. 그러나 1910년에 듀런트는 은행 채권단에게 경영권을 넘겨야 했다. 흡수합병 시에 지나치게 많은 자금을 차입했고, 신차의 판매량도 좋지 않았기 때문이었다. 시보레 자동차 회사를 설립한 후 이 회사를 통해 듀런트는 GM의 지분을 몰래 사들였고, 지분다툼을 통해 경영권을 되찾았다. 경기불황과 신차 판매 부진 등의 이유로 1920년 듀런트는 다시 물러나고, 대주주와 J.P.모건이 협조하여 알프레드 슬로언이 그의 후계자로 발탁되었다. 슬로언은 취임 후 바로 개혁을 단행하였는데, 그에 의해 시행된 분권적 사업부 조직은 미국 회사의 모범이 되기도 했다. 1928년 이후로 경쟁사인 포드를 누르고 업계 수위의 자리를 지키고 있는데, 1970년대와 1980년대에 그 성장세의 절정을 이루었다.
1980년대에 기업 경영 다변화를 시도하여 항공우주산업 및 첨단공학 분야에 진출하기도 했다.

산업에 영원한 안정성은 없다, 〈시애틀의 잠 못 이루는 밤〉

- 원제 : Sleepless In Seattle
- 제작 연도 : 1993년
- 제작국 : 미국
- 감독 : 노라 애프론
- 출연 : 톰 행크스, 맥 라이언, 빌 풀만, 빅터 가버, 리타 윌슨,
  롭 라이너

1993년에 제작되어 일본에서도 큰 인기를 모은 〈시애틀의 잠 못 이루는 밤〉은 크리스마스부터 발렌타인데이까지의 이야기다. 애니(맥 라이언)는 라디오에서 아내를 잃은 샘(톰 행크스)의 이야기를 듣고 감동한다. 약혼자가 있는 애니는 대담하게도 샘에게 편지를 보내고 그를 만나러 간다. 영화의 마지막에서 두 사람이 만나는 날은 마침 발렌타인데이다. 서정적인 음악이 흐르는, 어른들을 위한 러브 코미디 영화다.

이 작품은 극 중에서도 영화로 등장하는 〈러브 어페어〉(1957년)의 줄거리를 바탕으로 하고 있다. 〈러브 어페어〉는 1939년의 동명 작품을 리메이크한 것으로, 1994년에 다시 한 번 리메이크되었다. 두 번이나 리메이크된 셈이다. 만나려고 해도 만나지 못하는 가슴 아픈 사랑 이야기다. 이들 작품의 공통점은 뉴욕의 상징인 엠파이어스테이트 빌딩이 중요한 장면에서 등장한다는 것이다.

과거의 세 작품에서는 배라고 하는 교통수단이 중요한 역할을 했다. 그러나 이번 작품 〈시애틀의 잠 못 이루는 밤〉에서는 시카고(중서부), 볼티모어(동부), 시애틀(서부), 그리고 뉴욕(동부) 등 다양한 미국 도시들이 무대로 등장하면서 등장인물들은 오로지 비행기를 이용해서 이동한다.

현재 많은 사람들이 장거리를 이동할 때 배가 아닌 비행기를 이용하고 있지만, 항공업계 중에서도 특히 미국의 항공업계는 어려운 상황이 계속되고 있다. 미국 최고의 항공사였던 팬암 항공(Pan Am World Airways)은 이미 사라졌고, 파산 신청을 제출한 항공사도 많다. 미국에서는 과도한 자유화로 인해 경쟁이 과열되면서 저가 항공사들이 속속 등장하고 있다. 더구나 원유가 상승, 9·11테러를 겪으면서 항공사의 재편이 반복되고 있는 상황에서 항공 산업은 결코 안정적인 산업이라 할 수 없다. 앞서 언급했던 자동차 산업의 급격한 변화를 보아도, 산업에 영원한 안정이란 없다는 말이 새삼 통감된다.

더욱 뼈저리게 느껴지는 것은 아무리 성실하게 꾸려나가도 큼직한 경기변동이나 산업구조의 변화에 따른 여파는 그 누구도 피해갈 수 없다는 점이다. 그러나 역설적으로 어려운 시기이기 때문에 더욱 개인도 기업도 국가도 독자적인 강점을 창조해 새로운 분야로 진출할 수 있고, 미래를 향한 새로운 발걸음을 내디딜 수 있는 절호의 찬스일 수 있다. 일을 수동적으로 해서는 안 된다. 이런 때일수록 각오를 새롭게 단단히 해야 한다.

팬 아메리칸 항공(Pan American World Airways)

'팬암'이라는 약칭으로 더 잘 알려진 팬 아메리칸 항공(Pan American World Airways)은 세계적으로 가장 큰 규모를 자랑했던 미국의 항공사로, 1927년에 후안 트리페에 의해 설립되었다. '클리퍼'로 불리기도 했던 팬암의 항공기들은 훌륭한 기내 서비스와 전 세계로 통하는 큰 항로로 유명했으며, 전성기였던 1960년대까지 성장을 거듭했다.

플로리다 주의 키 웨스트에서 쿠바의 아바나까지 우편물 배달을 목적으로 운행하기 시작한 팬암의 비행기는 1929년 1월 16일부터 여객비행을 시작했다. 남미 지역 우편물에 대한 독점 운송권을 얻은 것은 팬암의 도약에 있어 큰 역할을 했다.

뉴욕-리우데자네이루-부에노스아이레스 항로의 개설권까지 획득했던 1930년대에는 대서양 대신 태평양 항로를 개설해 운영했다. 대서양 항로는 영국 항공사들에 의해 선점되어 경쟁을 피할 수 없었기 때문이다. 1935년에는 샌프란시스코에서 시작하여 하와이와 미드웨이 제도, 웨이크 섬과 괌을 통과해 마닐라까지 가는 환태평양 비행에 성공한 최초의 항공사로 알려졌으며, 1941년에는 지구 일주까지 성공하는 쾌거를 이루었다.

전성기였던 1960년대의 팬암은, 미국 정부의 전폭적 지원을 받아 전 세계에서 가장 넓은 항로를 갖추었으나, 내셔널 항공의 인수 이후 경영 실패로 인해 성장곡선은 하락세로 돌아서게 되었다. 설상가상으로 1977년에는 스페인 테네리페 섬에서 팬암-KLM 충돌사고가 일어나 신뢰성 하락과 유가족 소송 등으로 큰 피해를 볼 수밖에 없었고, 오일 쇼크도 팬암의 발목을 잡았다. 항로 매각과 건물 매각, 거듭되는 테러로 인해 1991년 1월 공식적으로 파산했다.

개혁을 위해서는 정보를 공개하라, 〈땡큐 포 스모킹〉

- 원제 : Thank You For Smoking
- 제작 연도 : 2005년
- 제작국 : 미국
- 감독 : 제이슨 라이트먼
- 출연 : 아론 네크하트, 마리아 벨로, 케이티 홈즈, 롭 로우, 윌리엄
   H. 머시, 로버트 듀발

　최근에는 금연을 요구하는 상점이나 건물들이 많이 늘었다. JR 동일본*에서는 수도권의 주요 구간에서 전면적인 금연을 실시하고 있다. 전 세계적으로 흡연에 대한 공격이 거세다. 이와 같은 현 세태를 반영한 야유와 빈정거림으로 가득 찬 영화가 〈땡큐 포 스모킹〉이다. 제목부터가 그런 느낌이 강하게 전달한다. 주제 선정과 제목이 절묘하게 맞아떨어졌다고 볼 수 있다. 마이클 무어 감독의 〈볼링 포 콜럼바인(Bowling for Columbine)〉과도 뿌리가 유사한 문제제기형 영화다. 경제, 사회, 그리고 환경 분야 전반에서 악화 상태에 놓인 현 시점에서 개혁과 개선을 촉구하는 영화를 필자는 기본적으로 높이 평가한다.

　필자는 중학교 1학년 때 엘러리 퀸의 추리소설 《X의 비극》을 읽

• 일본국유철도로부터 철도사업을 넘겨받은 여객철도회사.

었다. 소설에서 일어난 살인사건의 사인은 니코틴이 묻은 바늘이었다. 그때 처음으로 니코틴이 맹독이라는 것을 알게 되었다. 필자는 젊은 시절 시카고에서 선물과 옵션 등의 파생상품을 취급하는 무역업에 종사했었다. 시카고는 한겨울이면 기온이 영하 20도로 떨어질 만큼 아주 추운 곳이다. 그런데 담배에 중독된 사람들은 영하 20도의 추위에도 담배를 피우기 위해 밖으로 나와 있곤 했었다. (당시의 미국은 이미 건물 전체가 기본적으로 금연을 실시하는 단계에 있었다.) 그들 중에는 외투조차도 걸치지 않은 사람도 많았다. 담배와는 다른 의미에서 생사가 걸린 행동이었다.

이 영화는 기본적으로 '담배는 독'이라는 것을 전제로 삼고 있다. 영화 속에서도 담배 회사가 스스로를 "하루에 1,200명을 죽이는 업계"라고 말한다. 그것이 전 세계에서인지 미국에서만 그렇다는 것인지는 알 수 없지만. 더욱이 영화 속에서는 미국 의회가 '담배는 독으로서, 모든 담배에 커다란 해골 마크를 그려 넣어야 한다'는 법안을 가결하려고 한다. 그렇게 될 경우 엄청난 피해를 입을 것이라 판단한 담배 회사가 그것을 저지하려 한다는 것이 영화의 대략적인 줄거리다. 불리한 상황을 만회하고자 분투하는 담배 회사의 대변인이 주인공(아론 네크하트)이다. 그의 주특기는 정보 조작. 그것을 위해 광고 영화까지 만들 생각을 하니 눈물겨울 지경이다.

그런데 주인공의 설명이 참으로 재미있다. 예컨대 담배에 해골 마크를 붙이자는 안건에 대한 반박으로서, 미국에서 최고의 사망 원인은 콜레스테롤이기 때문에 그렇다면 모든 치즈에도 해골 마크를 붙

여야 한다고 주장하는 식이다. 이를테면 온 국민을 혼란 속으로 끌어들이는 수법이다.

그러나 담배와 관련한 문제에서 진정으로 필요한 것은 '철저한 정보 공개'일 것이다. 니코틴이 인체에 미치는 영향과 담배 때문에 사망한 사례 등의 정보를 적극적으로 공개한다면 자연스럽게 해결책을 찾아갈 수 있지 않을까? (그러나 애당초 독이라는 것을 알면서도 돈벌이의 수단으로 삼은 행위에 대해서는 소박하게 의문을 갖는다.)

이 같은 해결책은 사실 경영개혁에도 적용할 수 있는 수법이다. 예를 들어 어느 부서에서 얼마만큼의 수익과 손실을 내고 있으며, 기업통제(Corporate Governance) 상의 문제점은 무엇인가에 관한 경영 정보들을 '공개'하고, 기업 가치와 밀접하게 관련한 것들을 '공유'하는 것이 필요하다. 정보가 공개되고 공유되면 이상 징후를 금방 알아차릴 수 있다. 그것을 통해 개혁과 개선이 진행되는 것이다. 그것을 위해 필요한 것은 우선 '하지 않으면 안 되는 분위기'를 조성하는 일이다. 정보의 은폐와 그 위에 성립하는 관료주의는 언어도단이다.

세상에는 교육·교양·상식을 지닌 사람들이 많다. 정보를 널리 공개하는 것은 개혁을 진행하는 데 아주 유효한 수단이다. 사회의 문제점을 세상에 알리는 보도기관들의 역할도 여기에 있다.

- 원제 : Iron Man
- 제작 연도 : 2008년
- 제작국 : 미국
- 감독 : 존 파브로
- 출연 : 로버트 다우니 주니어, 제프 브리지스, 기네스 팰트로우

〈아이언맨〉은 오래전부터─1963년에 처음 등장했다─인기가 많은 아메리칸 코믹스(마블 코믹스)에서 탄생한 주인공이다. 원작에는 베트남 전쟁이 등장하지만 이번 영화에서는 아프간 테러로 바뀌어 있다. 군수회사의 사장이자 천재적인 발명가이기도 한 토니 스타크(로버트 다우니 주니어)는 자신이 만든 무기가 테러리스트에게 악용되고 있다는 사실을 깨닫는다. 그래서 토니는 전투용 강철슈트를 발명해 스스로 아이언맨이 되어 테러리스트들과 싸운다. 그리고 약속처럼 주변 인물들의 배신도 빠트리지 않고 등장한다.

영화 〈트랜스포머〉를 방불케 하는 하이테크 머신의 움직임은 기계를 좋아하는 이들의 환호를 받을 것이고, 로맨스도 보통 미국 영화와 다르게 경박하지 않아 폭넓은 층에 어필할 수 있는 작품이다. 아이언맨을 비롯해 헐크, 캡틴 아메리카와 같은 슈퍼 히어로들이 대거 등장하는 아메리칸 코믹스의 〈어벤저스〉도 2011년에 영화로 만

들어질 예정이라고 한다. (《아이언맨》의 마지막에서 그 예감을 느낄 수 있다.) 주제넘은 참견이겠으나 그렇게 많이 등장시켜서 과연 수습이나 제대로 될지 의문이다.

〈아이언맨〉의 주제는 한마디로 말해 도덕성이다. 최근 일본의 기업들에서도 도덕 불감증을 느끼게 하는 사건들이 많다. 수익을 올리기 위해서라면 무슨 짓이든 다 할 수 있고, 더욱이 경영난에 빠져 있을 때라면 무슨 일을 해도 괜찮다는 태도다. 오염된 쌀, 친환경 위장, 공적연금 및 교직원 비리와 같은 심각한 사건들이 끊임없이 일어나고 있으니, 일본의 현 상황은 두 눈 뜨고 볼 수 없을 정도다. 당국의 대응에서도 책임감이 느껴지지 않는다. 경제 운영과 기업 경영의 불가결한 덕목은 도덕성과 윤리관, 그리고 무엇보다 성실한 태도일 텐데 그러한 것들은 점차 사라져가고 있는 듯하다. 이와 같은 도덕성과 윤리관을 형식화하여 경영에 도입하는 것이 이른바 컴플라이언스(compliance) 즉 법령 준수인데, 잘 실현되지 않아 그저 안타까울 뿐이다.

사실 이 작품은 내용도 좋고, 예상과 달리 미국에서 연간 상위권에 든 흥행작이다. 같은 캐스팅으로 〈아이언 맨2〉까지 나왔다. 이라크와 아프간에서의 대(對) 테러 전쟁, 서브프라임 론에서 발단이 된 금융 불안에 흔들리는 미국 사회가 윤리관의 재검토를 요구하는 것인지도 모른다.

6. 조직의 시네마 경제학

〈대부〉 시리즈는 1972년, 1974년, 그리고 1990년까지 총 세 편이 제작되었다. 첫 번째 작품은 프랜시스 포드 코폴라 감독의 출세작으로, 시칠리아 출신들이 포진한 이탈리아 마피아 조직 코르네오네 패밀리를 둘러싸고 벌어지는 드라마다.

1편에서는 말론 브란도가 연기하는 1대 비토 코르네오네와 다섯 패밀리 사이에서 벌어지는 대투쟁이 그려진다. 2편에서는 알 파치노가 연기하는 2대 마이클의 고뇌와 로버트 드니로가 연기하는 젊은

날의 비토 코르네오네 이야기가 펼쳐진다. 그리고 3편에서는 마이클과 앤디 가르시아가 연기하는 마이클의 조카 빈센트의, 신구 보스 아래서 다시 한 번 로마 바티칸을 끌어들인 투쟁이 벌어진다.

〈대부〉 시리즈에서 조직 투쟁의 기본 패턴은 '문제가 일어났을 경우, 원인이 되는 대상을 제거'하는 것이다. 이것은 뜻밖에도 프로젝트 매니지먼트의 철칙과 일치한다. 말하자면 어떤 계획을 수립하고 그것을 수행하려고 했을 때 문제가 발견되면 문제가 비대해지기 전에 적절히 대응하는 방식으로, 〈대부〉에서 조직을 확대하고 발전시키는 수법은 곧 프로젝트 매니지먼트 그 자체라 할 수 있다.

특히 창업이나 신규 사업 프로젝트 매니지먼트는 니즈를 발견하고 적절한 기술을 마련해 신제품을 만들어 시장의 평가를 구한 다음, 그것을 바탕으로 필요한 대책을 수립하는 사이클을 만들어가는 작업이다. 이와 같은 프로젝트를 수행할 때는 수많은 단계에서 다양한 문제들이 발생하기 마련이다. 여기서 관건은 문제점을 조기에 발견하고 그에 따른 대응 과정에서 발생한 당초 계획과의 오차를 지속적으로 수정해 나가는 것이 중요하다. 문제 발견이 지연되면 당초 계획에서 수정해야 할 범위는 그만큼 커진다. 경우에 따라서는 계획의 존속 자체가 우려되는 사태로 발전될 수도 있다.

그러나 〈대부〉에서처럼 문제의 대상이 사람일 경우는—실제로 그런 경우가 많다—문제가 훨씬 심각하다. 문제가 확대되기 전에 문제의 인물을 제거하기란 사실 쉬운 일이 아니다. 그러나 그것을 제대로 수행하지 않으면 문제는 점점 더 커지고 조직 자체의 존망이 위태

로울 수 있다. 냉혈한이라 불릴 만큼 감정을 억제하고 냉철한 판단으로 '프로젝트'를 수행하는 슬픔이 이 영화의 어두운 그림자를 더욱 짙게 만들고 있다.

참고로, 〈대부〉 3편에서 마이클의 딸을 연기한 것은 프랜시스 포드 코폴라 감독의 친딸인 소피아 코폴라다. 소피아 코폴라는 〈사랑도 통역이 되나요?〉로 아카데미 각본상을 수상했다. 이 영화의 제작에 일부 참여한 니콜라스 케이지는 프랜시스 포드 코폴라 감독의 조카로, 본명은 니콜라스 코폴라이지만 니콜라스 케이지라는 이름으로 데뷔했다. 그리고 마이클의 여동생 코니를 연기한 탈리아 샤이어는 프랜시스 포드 코폴라 감독의 여동생. 말 그대로 이탈리안 패밀리 비즈니스인 셈이다.

• 원제 : Star Trek–The Motion Picture
• 제작 연도 : 1979년
• 제작국 : 미국
• 감독 : 로버트 와이즈
• 출연 : 윌리암 샤트너, 레너드 니모이, 디포레스트 켈리, 제임스 두
  한, 조지 타케이, 워터 코에닉, 니켈 니콜라스

★ 〈스타트렉〉 시리즈의 특징은 출연자가 감독이 되어, 3편과 4편
  에서는 스포크를 연기한 레너드 니모이가, 5편에서는 함장 역
  을 맡았던 윌리엄 샤트너가 제작에 참여했다. 2009년에는 오리
  지널 〈스타트렉〉을 바탕으로 해서 젊은 날의 커크 선장을 그린
  〈스타트렉 : 더 비기닝〉이 개봉되었다. trek이라는 단어는 여행
  의 의미로, 스타트렉을 직역하면 '별 여행'이다.

〈스타트렉〉은 1966년부터 시작된 SF 모험활극의 텔레비전 시리
즈로, 무려 51개국에서 방송되었고 일본에서는 〈우주 대작전〉이라
는 제목으로 방송되었다.

동일한 설정으로 6편의 영화가 제작되었고, 그 후에도 여러 편의
TV시리즈가 시작되었다. 설정을 새롭게 한 이른바 〈뉴 스타트렉〉의
영화판도 4편이나 제작되었다. 독특한 모양의 우주선 엔터프라이즈
호도 많은 인기를 누렸다. 점차 현대적인 디자인으로 변화해 가지만
초대 엔터프라이즈호는 2045년 샌프란시스코 산 제품이다. 〈스타트
렉〉의 열광적인 팬들도 많아 그들을 가리키는 '트레키(Trekee, Trekie)'라
는 단어가 있을 정도다.

등장인물들도 매력 만점이다. 가장 인기가 많았던 캐릭터는 레너드 니모이가 연기한 발칸족과의 혼혈 스포크 선장이다. 그 외에도 조지 타케이가 연기한 일본인 스루, 러시아인 체콥, 흑인인 우프라, 그리고 닥터 맥코이 등 국제적인 색채가 강하고 매력 넘치는 캐릭터들이 다양하다. 친절하게도 영어에 사투리 억양을 넣기도 했다.

우주선의 리더라 할 수 있는 함장은 뉴 시리즈에서는 셰익스피어 전문 배우인 패트릭 스튜어트가 연기한 피커드로 바뀌었지만, 개인적으로 원조 〈스타트렉〉의 윌리엄 샤트너의 커크 함장에게 훨씬 더 마음이 간다. 커크 함장은 언제나 대활약을 펼친다. 무슨 일이든 문제가 생기면 가장 먼저 뛰어간다. 문제의 대상이 가령 미지의 새로운 별일지라도 가장 먼저 나선다. 이런 성격 탓에 우주인과 격투를 벌이는 일도 곧잘 생기는데, 때로는 잠깐의 방심 때문에 체포를 당하기도 한다. 상당히 무모한 성격을 지닌 함장이었지만, 그런 점이 인간적인 매력으로 다가온 듯하다.

필자는 경영학을 공부하고 그것을 가르치는 일을 하기 전까지 미국적 방식이란 냉정한 판단으로 '제 손을 더럽히지 않은 채' 대응하는 것이고, 그것을 훌륭하게 실천하는 사람이 '유능한 경영자'라고 생각했다. 그러나 〈스타트렉〉의 커크 선장에게서 느껴지는 매력과 그가 미국에서도 절대적인 인기를 누리고 있는 사실을 알고 나서는 필자의 견해가 잘못되었다는 생각을 하게 됐다. 선입견을 버리고 살펴보면, 미국에는 9·11 테러 당시 현장에 뛰어 들어갔던 뉴욕의 줄리아니 시장처럼 커크 선장 스타일의 리더도 상당수 존재한다. 커크 선

장과 겹쳐 보면 그들이 왜 인기가 많았는지 이해가 간다.

경영학과 기업전략은 실천하지 않으면 효과가 없다. 그러나 그것을 지휘하는 것도 실행하는 것도 모두 살아 있는 사람이 하는 일이다. 그러니 인간적인 '감정' 문제가 매우 중요하다고 할 수 있다. 경영학과 기업전략이 학문으로서 발전될수록 남은 과제로 부상하는 것이 바로 인간의 '감정에 대한 전략'이다. 이것은 책상에 앉아 하는 연구만으로는 터득할 수 없는 것이다.

《삼국지》로 비즈니스의 진수를 배우다,
〈적벽대전 1부: 거대한 전쟁의 시작〉

- 원제 : Red Cliff Part I/赤壁
- 제작 연도 : 2008년
- 제작국 : 중국 / 일본 / 대만 / 미국
- 감독 : 오우삼
- 출연 : 양조위, 금성무, 장풍의, 장첸, 나카무라 시도

제목에서 알 수 있듯 〈적벽대전〉은 중국의 역사 적벽대전을 중심으로 쓰인 《삼국지》를 제재로 삼은 영화다. 감독은 〈미션 임파서블2〉 등 액션 영화의 거장인 중국 출신의 오우삼. 약 천억 엔이라는 거액의 제작비가 투자되었다. 참고로 오우삼 감독 영화의 트레이

드마크는 비둘기와 쌍권총, 그리고 슬로모션의 액션이다.

《삼국지》에서 조조는 악하고 유비는 선한 사람으로 묘사되는데, 이 영화도 그와 같은 기본적인 틀을 성실하게 따르고 있다. 위나라의 조조는 중국의 북부를 평정한 다음 남부를 손에 넣기 위해 대군을 이끌고 남하한다. 촉나라의 유비군은 조조군을 피해 남하하다가 장판(長坂)에서 추격을 당하고 전투를 벌이지만, 결국 패하고 도망하면서도 열세는 계속된다. 유비는 제갈공명(금성무)을 오나라의 손권에게 보내 동맹을 맺게 하고, 손권은 수만 군사를 파견하여 유비와 함께 적벽에서 조조군과 대결한다.

조운과 장량의 용감한 분투, 팔괘진과 같은 전투 장면들로 볼거리가 많고(클라이맥스는 2부), 로맨스도 빠지지 않고 등장하는 대작(1부만 145분)이다.

세계 곳곳의 중국인 거리에서 가장 흔히 볼 수 있는 것이 관제묘다. 관제는 이 영화에서도 활약을 펼치는 관우를 가리킨다. 관우는 장사(비즈니스)의 신으로 모셔지는데, 장사와 학문에 통달하여 주판을 발명했다는 이야기도 있다. 이 작품에서도 관우는 학교에서 아이들을 가르친다.

관우가 장사의 신으로 받들어지는 것은 그가 신의 두터운 인물이었기 때문이다. 비즈니스를 할 때 거래처와의 신의, 곧 신용은 생명과도 같은 덕목이다. 관우는 결코 배신하지 않는다. 세계 곳곳에서 활약하는 화교들은 보통 아무런 연고도 없는 곳에서 장사를 시작한다. 거기에서 가장 중요한 것은 인적 네트워크이고, 그것을 뒷받침하

는 것은 신용이다. 요즘의 비바람 거센 경제·금융 시장에서는 신용이 사라져 사람들이 의심하는 마음으로 가득 차 있는 듯하다.

《삼국지》는 일본에서도 폭넓은 연령층의 비즈니스맨들 사이에서 절대적인 인기를 누리고 있는 책이다. 어느 나라, 어느 시대에서든 장사(비즈니스)에 요구되는 기본 행동은 공통적인 듯하다.

 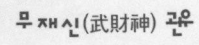 무재신(武財神) 관우

오래전부터 중국인들의 숭배의 대상이었던 관우는 청나라 때 황제가 '충의신무령우인용위현호국보민정성완정익찬선덕관성대제(忠義神武靈佑仁勇威顯護國保民精誠綏靖翊贊宣德關聖大帝)'라는 관직명을 내린 이후 '관제'(關帝), 즉 '황제'와 같은 급의 대우를 받게 되었다. 이러한 '관제'를 모신 관제묘는 중국 각지와 동양문화권 각 국가에서 찾아볼 수 있는데, 특히 관우의 머리가 묻혀 있다는 낙양, 몸뚱이가 묻혀 있다는 당양, 관우가 태어났다고 하는 산서성 운성과 해주에 있는 관제묘는 4대 관제묘로 불리며 많은 이들이 신성시하고 있다.

군신(軍神)으로 모셔지던 관우는 어느 순간부터 재물신으로 모셔지기 시작했는데, 이것은 비즈니스에 있어 '신뢰'를 중요시 여기는 중국인들에게 '충(忠)'과 '의(義)'를 지키며 한평생 살아갔다고 알려진 관우의 삶이 신뢰라는 가치를 가장 잘 보여주는 것으로 각인되었기 때문이다. 그러한 인식 때문인지는 모르겠으나, 관우가 산학(算學)에 뛰어나 재물의 출납을 기록하는 장부를 직접 제작했다는 얘기도 전해지고 있고 주판을 직접 만들었다는 얘기도 있다. 문재신(文財神)으로 추앙받는 조공명(趙公明)과 함께 무재신(武財神)으로 숭배되는 관우는 관제묘에서 뿐만 아니라 개인이 집안의 작은 사당에서, 혹은 작은 관우상 앞에서 사람들의 재물에 대한 기원을 들어주고 있다.

결향을 지닌 조직을 판별하는 법, 〈더티 해리〉

- 원제 : Dirty Harry
- 제작 연도 : 1971년
- 제작국 : 미국
- 감독 : 돈 시겔
- 출연 : 클린트 이스트우드

핫도그를 먹으면서 흉악범들을 향해 44매그넘을 발사하는 〈더티 해리〉는 1971년에 첫 번째 작품이 개봉되어 1988년까지 총 다섯 편이 만들어진 인기 형사물 시리즈 영화다. 샌프란시스코 시경의 형사 해리 캘러핸을 연기한 클린트 이스트우드는 이 작품을 통해 일약 스타덤에 올라 그때까지의 마카로니 웨스턴 이미지를 한순간에 지워버렸다.

해리는 별명 그대로 악당을 추적하기 위해서는 그 어떤 짓도 주저하지 않는다. 당연히 경직된 경찰 조직과 대립하게 된다. 이와 같은 안티 히어로의 모습은 그때까지의 형사에 대한 이미지를 단번에 바꾸어 이후의 영화계에 커다란 영향을 미쳤다. 아놀드 슈왈제네거는 인터뷰에서 〈더티 해리〉의 열성팬이라며 극장에서 개봉했을 때는 다섯 번이나 연달아 볼 정도였다고 했다. '일단은 단독으로 행동하면서 결정적인 장면에서는 반드시 정해진 대사를 내뱉는' 스타일은 아

놀드 슈왈제네거에게 커다란 영향을 끼쳤음이 틀림없다. 실베스터 스탤론도 그 영향권 안에 있지 않을까?

1편의 〈더티 해리〉에서 범인은 건물 옥상에서 일반 시민을 무차별적으로 난사하면서 시경에게 10만 달러를 요구한다. 사건의 수사에 뛰어든 해리는 마지막에 비열한 흉악범을 사살한 후 경관 배지를 던져버린다. 이 영화의 배경으로 그려지는 것은 조직의 폐해다. 진정한 적은 경찰과 검사국 내부에 존재한다. 그들의 형식적이고 관료적인 행위 때문에 본래의 목적인 사건 해결은 곧잘 방치된다.

목적을 수행하려는 열정적인 사명감과 그것을 방해하는 구태의연한 조직 사이에서 고뇌하는 해리의 모습은 기업과 기업인의 모습을 방불케 한다. 기업 환경이란 살아 움직이는 것으로 항상 변화한다. 즉, 기업의 가장 중요한 조직과 구조는 완성된 시점이 최적의 상태로서, 시간의 흐름과 함께 적합성을 잃게 되는 것이다. 이렇게 시대의 흐름에 뒤떨어지면서 경직화된 조직은 목적 달성을 위해 열심히 뛰는 사람들의 방해물이 된다. 이 같은 구도는 기업에 몸담고 있는 수많은 사람들에게 공감을 얻을 수 있는 부분일 것이다.

물론 이러한 상황을 개선할 수 있는 수단이 없는 것은 아니다. 자기개혁, 즉 현실에 맞추어 자신을 개혁해 나가는 것이다. 하지만 인간은 무사안일을 바라고 개혁을 꺼리는 본질적으로 약한 존재다. 강력한 리더십을 겸비한 경영자가 나타나지 않는 한 조직은 점점 시대에 뒤떨어진 유물이 될 수 있음을 알아야 한다.

만일 당신 주변에 해리와 유사한 인물이 존재한다면 주의할 필요

가 있다. 그것은 조직의 경직화가 상당 부분 진행되었다는 증거일 수 있다.

 **관료주의**

'관료'라고 하는 특정 집단의 사고방식이 조직을 운영하는 지배적인 의식 상태가 되는 것을 말하며, 큰 규모의 조직일수록 관료주의적 성향을 갖게 되기 쉽다. 관료 이외의 조직 구성원을 존중하지 않는 집단이나 국가에서도 이 현상이 빈번하게 나타난다.

관료주의는 지위에 따라 권한과 책임이 분명하고, 공식화된 절차에 의해 구성원의 행동과 결정이 이루어지기 때문에 과거에는 거대조직을 운영하는 가장 효과적인 방법이 될 수 있었다. 그러나 상명하복을 강요하고 관료집단 내에서 비밀을 만드는 등, 비민주적 형태로 변질될 수 있다. 또한 어떠한 문제가 발생했을 시에 관료집단은 그 하위집단에게 책임을 전가하기도 하고, 획일적 업무처리 방식으로 인해 선례를 답습하게 된다. 관료주의에 의해 경직된 사고방식을 갖게 된 집단은 외부 환경변화에 신속하게 대응하지 못하고, 어떠한 것을 결정할 때 긴 절차를 갖게 되기 때문에 의사결정이 지연될 수밖에 없다.

세계 최대 규모의 가구 회사인 이케아(IKEA)의 러시아 프로젝트 중단 사태는 관료주의의 문제점을 잘 보여주었다. 이케아는 2006년 러시아 사마라 주에 13만㎡ 부지를 확보하여 2007년까지 건물을 건설한 후 업체에 임대할 계획이었으나, 주정부 건설감독부가 IKEA에 MEGA-SAMARA 건설 허가 서류를 발급해주지 않아 약 8차례나 개장이 지연됐다. 이 과정에서 이케아는 처음 계획했던 40억 루블의 2배나 되는 80억 루블을 투입했으며, 이후에도 지출만 크게 늘어나고 그에 대한 성과를 거두지 못했다. 결국 이케아는 러시아 프로젝트를 중단할 수밖에 없었다. 메드베데프 러시아 대통령은 취임 이후 이러한 관료주의의 문제점과 부정부패를 국가 경제 발전의 큰 걸림돌이라고 생각하여 이를 없애기 위해 적극적인 정책을 추진하고 있다.

조직의 붕괴를 막아라, 〈마리 앙투아네트〉

- 원제 : Marie-Antoinette
- 제작 연도 : 2006년
- 제작국 : 미국
- 감독 : 소피아 코폴라
- 제작 총지휘 : 프랜시스 포드 코폴라, 프레드 로스
- 출연 : 커스틴 던스트

역사상 유명한 마리 앙투아네트는 오스트리아의 황녀인 합스부르크가의 마리아 테레지아의 딸이다. 14살에 프랑스의 황태자 루이 16세에게 출가해 18살에 왕비의 자리에 올랐다. 소위 정략결혼인 셈이다. 이 상황을 현대의 기업에 적용하면 자본제휴라 할 수 있을지 모르겠다. 조직 간의 양호한 관계는 구두 약속만으로는 유지되기 어렵다. 정략결혼이나 자본제휴는 혈연이나 자본과 같은 두터운 유대 관계로 상호 관계를 굳게 묶어두겠다는 의도일 것이다. 하지만 역사는 그 같은 방식도 완전히 안전할 수 없다는 것을 가르쳐준다.

마리 앙투아네트라는 이름은 그녀의 결혼보다 프랑스 혁명이 발발한 뒤 혁명정부에 의해 단두대의 이슬로 사라진 비극의 왕비로 사람들의 기억에 각인되어 있다. 영화 〈마리 앙투아네트〉는 젊은 마리의 시점을 통해 프랑스 혁명을 그리고 있다. 그녀는 베르사유 궁전에서 수천 명의 귀족과 시중들에 둘러싸여 생활한다. 영화에서 마리

의 남편 루이 16세는 정치에는 관심이 없고 사냥 같은 취미에만 빠져 지낸다. 경영에는 관심이 없고 오로지 골프나 밤놀이에만 빠져 있는 경영자와 다름없다. 그런 가운데 마리를 비롯한 귀족들은 낭비와 사치를 거듭하면서 국민들의 정서와 점차 괴리되어 간다. 영상은 비극을 낳은 근본 원인이라 할 수 있는 광경을 핑크나 골드 같은 색채와 함께 아주 밝은 톤으로 묘사하고 있다.

불행하게도 마리는 궁정 밖에서 무슨 일이 벌어지고 있는지 모른다. 주위의 귀족들과 시중들이 정보를 차단하고 알려주지 않기 때문이다. 그리고 이유조차 알지 못한 채 나라는 붕괴하고 만다. 비대해진 재정 적자가 원인이었다. 특히 재정 적자의 가장 큰 원인은 미국에 대한 원조 때문. 현재의 미국을 생각한다면 상상조차 할 수 없는 일이다. 이렇게 해서 발발한 프랑스 혁명은 말 그대로 '경영적인 문제'라 할 수 있다. 관료주의로 만연한 경직화된 조직이 혈연구축과 자본원조 등을 통해 외부와의 제휴를 도모하여 조직을 유지하고자 했지만 그것이 역효과로 나타나 재정을 파탄에 이르게 한 것이다. 국민은 빈곤에 허덕이는데 상층부는 이전과 변함없이 유흥에 빠져 있으면, 빈부격차와 의식의 괴리는 점차 확대되는 것이다. 역사적 사실인지 어떤지는 알 수 없으나 그에 관한 상징적인 대사가 마리가 했다는 말이다. "빵이 없으면 과자를 먹으면 되지."

회사라면 그만두면 그걸로 끝이다. 그러나 당시는 국민임을 그만둘 수 없었다. 그래서 혁명이 일어난 것이다. 당시 프랑스의 상층부에서는 전혀 괘념하지 않았겠지만, 사람은 격차에 대해 무척 민감한

존재다. 경제학자 피터 드러커는 경영자에게 스무 배 이상의 소득격차를 만들어서는 안 된다고 했다. 예컨대 일시적으로 퇴직하는 경영진이 천문학적인 수치의 연봉을 받는다는 것은 도의적으로 용서될 수 없는 것이다. 이 같은 사실을 깨달을 수 있는 건전한 힘이 경영자에게 절대적으로 필요하다.

조직의 붕괴란 갑작스럽게 시작되는 것이다. 그러나 그것은 오랜 시간 서서히 진행되고 있었음에 틀림없다. 교과서적인 일반론으로 말하자면 조직이 붕괴할 때의 전형적인 패턴은 우선 역사가 거듭되는 동안 관료주의가 만연하여 새로운 정책이 나오지 않게 되는 것이다. 하지만 안정적인 지위를 얻은 기득권층으로서 위기감이 없는 상층부의 최대 관심사는 그저 안전보신이다. 그들이 금기시하는 것은 다름 아닌 변화. 변화는 자신의 입장을 위태롭게 하기 때문이다. 이렇게 해서 조직은 환경의 변화로부터 스스로 소외되는 것이다.

여기서 말하는 조직이 기업일 경우, 눈에 띄는 변화는 당연히 실적의 악화다. 그래서 외부에서 제안하는 신규 사업에 허둥지둥 과도하게 투자했다가 어김없이 실패하는 것이다. 그 여파로 주가는 순식간에 떨어지고 마침내 위기감을 가진 경영진은 매수를 막기 위해 어설프게 자본제휴에 뛰어들게 된다. 조직을 살리는 일 외에는 아무것도 머릿속에 없는 것이다. 그러다가 성과주의를 도입한다는 명목으로 경영진과 일반사원의 소득격차를 점점 벌린다. 여기까지 다다랐다면 이미 적신호다. 어느새 조직은 활기와 특유의 장점을 잃고 급속도로 붕괴를 향해 치닫는다. 침몰하는 배에서 쥐들이 도망치듯 문

제의식을 가진 '유능한 사원들'부터 회사를 그만두기 시작할 것이다. 남아 있는 사람들은 상사의 안색만 살피는 사람이거나 무기력한 사람들뿐이다. 이제는 더 이상 그 누구도 붕괴를 멈추게 할 수 없게 된다.

이런 위기감을 떠올리게 하는 이 영화에는 그밖에도 볼거리들이 많다. 영화는 실제 베르사유 궁전에서 촬영했다고 하는데, 그 사용료가 천문학적인 수치였다는 소문도 있다. 그래서인지 풍경이 참으로 장엄하다. 음악에도 공을 들여 18세기 프랑스 궁정음악과 1970~80년대에 유행했던 펑크록을 하이브리드해서 사용하고 있다. 덕분에 섹시하고 자유로운 성격의 마리와도 잘 어울리고, 한편으로는 궁정과 민중, 과거와 현재의 관계를 암시하는 듯해서 오히려 의미심장하다.

인위적 과실은 사라지지 않는다, 〈레저베이션 로드〉

- 원제 : Reservation Road
- 제작 연도 : 2007년
- 제작국 : 미국
- 감독 : 테리 조지
- 출연 : 호아킨 피닉스, 제니퍼 코넬리, 미라 소르비노

9월의 따사로운 어느 날 밤, 대학 교수 에단(호아킨 피닉스)과 그의
아내 그레이스(제니퍼 코넬리)는 뺑소니 사고로 갑작스럽게 아들을 잃는
다. 에단은 진척이 더딘 경찰 수사에 넌덜머리를 내고 변호사 사무
실에 조사를 의뢰하는데, 알고 보니 어이없게도 담당 변호사가 뺑소
니 사고의 진범이다. 서스펜스적인 요소가 가미되면서 아들을 잃은
부모의 상실감, 그리고 범인과의 미묘하게 얽힌 관계는 보는 사람이
더 괴로울 정도다. 슬픔과 증오가 마침내 어떻게 변화하는지를 이야
기하는 영화다.

교통사고는 차가 존재하는 한 피할 수 없는 일이라고 하지만, 2007
년 일본 국내에서는 약 83만 건의 교통사고가 발생했고 사망자는
약 6천 명, 부상자는 약 103만 명이었다. 교통사고가 가장 많았던
1970년에는 사망자가 17,000명이나 되었다.

최근에는 음주 운전에 대한 단속이 강화되고 긴급 의료가 발전하

면서 사망자 수는 감소하는 경향이다. 휘발유 가격의 폭등도 감소의 원인이라고 한다.

요 몇 년 동안 차에 관한 안전기술은 엄청난 속도로 진보하고 있다. 음주운전을 방지하는 전용기기도 있다. 기기에 입을 대고 숨을 불어 알코올 성분이 감지되면 엔진이 작동하지 않는 것이다. 미국에서는 음주운전 재발 방지 프로그램으로 사용되고 있으며, 스웨덴에서는 위험물을 운반하는 차량이나 스쿨버스에서 자발적으로 장착하고 있다고 한다.

그러나 자동차가 아무리 진화하더라도 교통사고가 제로가 되지는 않을 것이다. 운전자의 과실이 발생하기 때문이다. 최종적인 문제는 역시 운전을 하는 사람의 손에 달려 있다. 단순히 기계에만 의존할 수는 없는 것이다.

기업 현장에서도 하마터면 큰 사고로 번질 만한 작은 실수를 가리키는 '히야리·핫토''라는 말이 있다. 한 건의 중대한 산업재해의 배후에는 29건의 경미한 사고와 3천 건의 히야리·핫토가 있었다고 한다. 이 영화와 같은 갑작스러운 비극을 방지하기 위해서는 운전 과실이 일어나는 이유, 즉 인위적 과실(Human Error)에 대한 해명이 조속히 이루어져야 할 것이다. 경영에서 인위적 과실은 치명적이다. 행동경제학을 거론할 것도 없이 역시 '인간 자체'가 문제인 셈이다.

• '철렁, 깜짝'이라는 뜻의 일본어. 중대한 재해나 사고로까지 이르지는 않았지만 큰 사고를 일으킬 뻔했던 실수를 가리킨다. 말 그대로 돌발적인 사고나 과실로 가슴이 철렁 내려앉거나 깜짝 놀라는 것을 말한다.

토요타 자동차 리콜 사태

2009년 8월, 미국에서는 렉서스 ES350 차량에 탑승했던 일가족 4명이 급가속에 의한 사고로 모두 사망하는 사건이 발생했다. 이 사건과 관련해 토요타는 바닥 매트가 페달에 끼어서 가속이 된 것이라는 의견을 내놓았으며, 차체에는 결함이 없다고 주장했다. 그러나 미국 도로교통안전국(NHTSA)은 토요타의 주장을 반박했으며, 미국 언론들은 이것이 단순한 바닥 매트 걸림의 문제가 아닐 것이라고 보도했다. 그러자 2010년 1월에 토요타 측은 추가적으로 '페달'의 문제에 대해 언급하였고, 가스식 페달을 교체해 주는 리콜을 하기로 결정했다. 또한 문제를 일으킨 해당 모델에 대해 판매 중단 조치를 취했다. 애플의 공동 창업자인 스티브 워즈니악은 자신의 프리우스 자동차에서도 급발진 문제를 경험한 적이 있으며, 토요타의 결함이 전자 계통 소프트웨어와 관계되어 있을 것이라고 주장하기도 했다. 미국의 자동차 전문가들 또한 결함의 원인을, 알 수 없는 전자 계통의 결함으로 추정하고 있다.

토요타는 프리우스의 전자 제동장치 설계 및 소프트웨어에 문제가 있음을 알았으나 이를 은폐했고, 뒤늦게 발각되자 이를 인정하고 미국 시장에서 리콜을 결정했다. 2010년 2월 8일, 한국에서도 유사한 사례가 나타나기도 했다.

무분별한 해외 공장 확대로 인해 나타난 문제점이라고 전문가들이 지적하고 있는 '토요타 사태'는 기업이 규모 확장뿐만 아니라 품질 관리에도 심혈을 기울여야 함을 일깨워준 사건이었으며, 결함 은폐의 위험성에 대해서도 잘 보여준 사건이라고 할 수 있다.

인생에 필요한 코치, 〈행복을 찾아서〉

• 원제 : The Pursuit of Happyness
• 제작 연도 : 2006년
• 제작국 : 미국
• 감독 : 가브리엘 무치노
• 출연 : 윌 스미스, 제이든 스미스

〈행복을 찾아서〉는 놀랍게도 실화를 바탕으로 한 영화라
고 한다. 영화의 원제에 들어간 Happyness의 올바른 표기는 물론
Happiness이다. 그러나 주연을 맡은 윌 스미스가 탁아소에서 실제
로 보았다는 표기를 그대로 제목에 사용하고 있다.

흔히 '아메리칸 드림'이라고 말하지만, 이토록 밑바닥을 경험한 후
에 억만장자가 되는 일도 드물 것이다. 주인공 크리스 가드너는 경
찰에 체포되어 유죄를 선고받아 복역하고, 이혼을 한 다음에는 아이
를 데리고 노숙자가 되어 비참한 나날을 보낸다. 극빈층을 위한 시설
에서 식사를 해결하고 공항이나 지하철 화장실에서 잠을 자야 하는
형편이다. 그러나 크리스는 굳게 결심하고 죽을 각오로 일해서, 마침
내 1987년 시카고에 '가드너 앤 리치 컴퍼니'라는 증권회사를 설립한
다. 그는 단 10년 만에 밑바닥에서 억만장자로 우뚝 일어서는 엄청
난 성공을 이룩한다. 파란만장한 인생이다.

영화 홍보 차 일본을 방문한 윌 스미스를 만났는데, 아베 신조 당시 수상과도 면담했다고 했다. 영화 내용과 아베 수상이 당시 내걸었던 '재도전 정책'이 합치한다는 이유 때문이었다. 그러나 유감스럽게도 아베 수상의 지지율 상승으로 연결되지는 못했다.

일본에서는 기업이 일단 도산하면 재기하기가 무척이나 어렵다. 반대로 미국에서는 한 번 회사를 도산한 경험을 가진 사람을 경영자로서 더 높이 평가하기도 한다. 그것은 위험을 떠안고 쌓은 경험으로, 아무것도 하지 않은 사람보다 훨씬 많은 공부를 했다고 평가하기 때문인 듯하다. 수긍이 가는 이야기이다.

크리스 가드너가 가장 밑바닥에 떨어졌을 때는 직장과 집을 잃고 공항이나 역 화장실에서 잠을 자야 하는 날들을 보낸다. 존경스러운 것은 그럴 때조차 그는 희망을 잃지 않았다는 점이다. 가드너는 자주 이렇게 말하곤 한다.

"나는 홈리스였지만 호프리스가 아니었다."

그는 엄청난 경쟁률을 뚫고 증권회사에 입사하지만 6개월 동안은 무급 신세다. 괴로운 일이 아닐 수 없다. 그러나 크리스는 불평 한마디 하지 않고, 전근대적인 단어이지만 '꾹 참고서' 힘든 일들을 견뎌낸다. 그런데 그는 어떻게 그럴 수 있었을까? 그것은 자신 앞에 있는 '아들의 존재' 때문이다. 그는 아들을 행복하게 만들어 주겠다는 꿈(목표)이 있었기 때문에 노력할 수 있었다.

아이의 존재는 두 가지 부분에서 큰 효과를 발휘할 수 있다. 하나는 자신의 결심(의욕)을 굳게 지속시켜 준다는 점이다. 인간은 나약한

존재다. 목표에 대한 의지력을 지속하기란 여간 힘거운 일이 아니다. 그럴 때 아이라는 존재가 중요하다. 아이는 결심을 굳게 지속할 수 있도록 만들어주기 때문이다.

그리고 아이의 존재는 부모를 보다 성실한 사람으로 만들어준다. 부끄러운 짓을 할 수 없게 만들고, 악하고 약삭빠른 길로 어긋나지 않고 올바른 방향을 바라보게 만들어준다.

아이의 존재란 요즘 유행하는 말로 '코치' 혹은 '멘토'라 할 수 있을 것이다. 인간에게는 반드시 의지가 꺾이는 순간이 찾아오게 마련이다. 그럴 때 코치가 뒤에서 힘껏 받쳐준다면 더 좋은 결과물을 얻을 수 있다.

'정말로 억만장자가 되고 싶다면 창업하라'는 것은 미국의 일반적인 사고방식이다. 베스트셀러 《부자 아빠 가난한 아빠》의 주제도 마찬가지다. 미국의 교육은 기본적으로 보통 회사원보다는 창업자가 되라는 쪽에 더 중점을 둔다. 원래부터 존재하는 미국식 상업 관행과 함께 창업을 권장하는 교육 방식이 창업자를 많이 배출하는 원인이라 할 수 있다. 그 때문에 신규 산업을 일으키기 쉽고 구조개혁도 효율적으로 진행될 수 있기 때문에 결과적으로 당대에도 억만장자가 되기 쉽다. 이것이 이른바 아메리칸 드림이다.

하지만 이 영화는 단순한 성공 스토리라기보다 부성애에 무게가 더 실린 드라마다. 그도 그럴 것이 윌 스미스의 친아들 제이든 크리스토퍼 사이어 스미스(8살)가 아들 역할을 맡았다. 얼핏 봐도 두 사람의 얼굴이 많이 닮았다.

제**5**장
영화산업

1. 영화산업의 시네마 경제학

　최근 몇 년 동안 필자도 도쿄국제영화제의 초대장을 받고 있는
데, 2005년 제18회 도쿄국제영화제의 폐막작이 바로 〈역도산〉이었
다.

　역도산은 지금의 젊은 사람들은 잘 모르겠지만, 한 시대를 풍미했
던 프로레슬러다. 이 영화는 역도산의 짧고 뜨거웠던 삶을 그리고
있다. 그는 스모 선수가 되기 위해 훈련을 받지만 조선인이라는 이유
로 힘겨운 생활을 한다. 그 후 실력을 쌓아 스모 선수가 되지만 승

급에서는 제 실력이 반영되지 않는다. 한계를 느낀 역도산은 미국으로 건너가 프로레슬링을 배워 일본에 프로레슬링 붐을 일으킨다. 그리고 그의 전매특허인 '가라테 춥'이라는 기술로 거대한 몸집의 외국인 레슬러들을 닥치는 대로 쓰러뜨리면서 전후 일본의 우울한 분위기 속에서 엄청난 인기를 모은다. 그러나 그렇게 되기까지는 결코 쉽지 않은 길이었다. 약간은 성급하고 고지식한 그의 성격 때문에도 몹시 힘든 여정이었다. 그러나 1963년 서른아홉이라는 나이에 칼에 찔린 창상으로 요절했다.

한국과 일본 공동으로 제작된 이 한일합작 영화는 2004년 12월 15일 역도산의 기일에 개봉되어 큰 인기를 모았고, 한국에서는 대종상을 수상했다.

최근 한국 영화의 성장은 눈부시다. 한때 한국 영화계는 대재벌의 지배 속에서 전통 사극영화를 중심으로 한 딱딱한 영화들이 주로 제작되었다. 그러나 아시아 금융위기가 발발하고 IMF가 한국경제 문제점의 하나로 재벌의 산업 지배를 거론하면서 그 같은 구조가 해체되기 시작했다. 재벌 산하에 있었던 영화사가 해방되면서 보다 자유로운 발상으로 영화를 만들 수 있게 된 것이다. 그와 더불어 '국가전략'으로 영화를 육성하자는 논의가 부상하면서 국가예산이 투입되어 대규모 영화들도 제작될 수 있는 환경이 마련되었다. 통화위기 후에 취임한 김대중 대통령도 국가적 경제·산업정책으로서 영화산업을 육성했다. 연간 약 백억 엔의 국가 예산이 투자되었다. 이처럼 한국 영화와 드라마의 붐 현상은 아시아 통화위기가 계기라 할 수 있

다. 이야말로 효과적인 공공투자다. 공공투자는 건설 분야에서만 이루어지는 것이 아니다.

그와 더불어 한국 영화는 아시아를 대상으로 한 마케팅을 고려하기 시작했다. 애초에 아시아, 예컨대 일본은 한국과 문화적 배경이 유사하기 때문에 일본과 미국의 관계와 같은 크나큰 감각적 격차가 없다는 점도 유효하게 작용했다.

프로레슬링과 역도산이라는 인간 자체가 사람들을 매료했던 것 중 하나는 링 위에서의 과감한 싸움도 큰 역할을 했겠지만, 무엇보다 역경과 싸우고 곤란을 이겨내면서 자신의 운명을 개척했던 그의 삶의 태도에서 기인하는 점도 있었다. '인생은 승부'라고 했던 남자의 삶, 리얼하고 진지한 태도에 사람들은 매료되었던 것이다.

하지만 일본의 프로레슬링도 TV 방영을 마감해야 하는 시기가 왔다. 인기라는 것은 영원한 것이 아니다. 더욱이 비즈니스에서는 '언제나' 새로운 개혁이 필요하다는 사실을 다시 강조할 필요도 없을 것이다.

아시아 영화 펀드(ACF)

아시아 영화 펀드(ACF)는 재능 있는 아시아 감독의 작품 활동을 지원하는 부산국제영화제의 아시아 독립영화 및 다큐멘터리 제작 지원 프로그램이다. 기업 및 단체가 매칭 펀드 형태로 자금을 조성하여 운영하는데, 장편독립영화 개발비, 후반작업 지원, 다큐멘터리 제작지원 등 세 부문으로 나누어 진행된다. 개발 단계의 프로젝트에 편당 천만 원, 후반작업 펀드는 한국에서 작업을 진행하는 조건으로 5천만 원부터 1억 5천만 원까지 지원한다.

아시아 영화 펀드에 지원된 작품은 쇼케이스를 통해 상영되는데, 2010년 5월에 'ACF 쇼케이스 2010'은 부산국제영화제와 씨너스 이수가 공동으로 주최했다. 이 쇼케이스에서는 2010 로테르담 영화제에서 타이거상을 수상한 〈우주의 역사〉(아노차 스위차 콘퐁 감독/태국), 같은 영화제에서 스펙트럼에 선정되었던 〈물을 찾는 불 위의 여자〉(우 밍진 감독/말레이시아), 로카르노 영화제, 대만 금마상, 홍콩 아시안필름어워드에서 수상한 〈새벽의 끝〉(호유항 감독/말레이시아) 등 3편의 아시아 영화와 2010년 로테르담 영화제에서 넷팩상을 수상한 〈양 한 마리, 양 두 마리〉(황철민 감독/한국), 부산국제영화제 '한국 영화의 오늘'에 선정되었던 〈계몽영화〉(박동훈 감독/한국) 등 2편의 한국 영화를 포함하여 총 5편의 지원 작품이 상영되었다.

뉴질랜드의 영화진흥책, 〈도로로〉

- 원제 : どろろ
- 제작 연도 : 2007년
- 제작국 : 일본
- 원작 : 데즈카 오사무
- 감독 : 시오타 아키히코
- 출연 : 츠마부키 사토시, 시바사키 코, 하라다 미에코, 나카이 기이치,
  츠치야 안나

〈도로로〉가 영화로 만들어진다는 이야기를 듣고 "그 도로로?" 하면서 옛 생각을 떠올리는 사람들도 많았을 것이다. 오리지널 영상 작품은 1969년 후지TV에서 일요일에 방송되었던 애니메이션으로, 놀랍게도 흑백 작품이다. 정치적인 색채가 상당히 짙은 작품이었다고 기억한다. 원작은 1967년부터 만화잡지 《소년 선데이》에 연재되었던 데즈카 오사무의 명작이었다. 이번에 소개하는 영화는 데즈카 오사무의 원작을 실사로 만든 작품이다.

주인공인 남장도둑 도로로(시바사키 코)는 햐키마루(츠마부키 사토시)와 함께 요괴를 물리치기 위한 여행을 떠난다. 햐키마루의 출생은 아주 처참하다. 햐키마루는 무사인 다이고 가게미츠(나카이 기이치)의 아들로 태어나지만, 48요괴의 희생양으로 바쳐지는 바람에 몸의 48군데를 잃은 채로 태어난다. 그 때문에 아버지는 아들을 강에 버리는데, 의사의 도움으로 구사일생, 의수와 의족이라는 보조수단을 몸에 달고

여행을 떠난다. 요괴를 퇴치할 때마다 잃어버렸던 몸의 일부를 되찾을 수가 있기 때문이다. 그의 의수에는 칼이 부착되어 있고 온몸 곳곳에 무기들이 숨겨져 있다. 또 텔레파시를 이용해서 잃어버린 기능을 보강할 수도 있다.

한편 도로로는 도적인 아버지가 살해당하고 어머니도 눈길에서 죽은 다음부터는 누구 하나 돌봐줄 친척이 없는 신세다. 도로로는 햐키마루의 강인함을 상징하는 요술검을 빼앗을 목적으로 행동을 같이한다. 지독하게 비극적 설정이지만, 이 영화에서 화제로 삼고 싶은 것은 비극적인 드라마보다는 영화의 촬영지다. 이 영화는 뉴질랜드에서 촬영되었다.

최근 급작스럽게 뉴질랜드의 영화계가 각광을 받고 있다. 물론 뉴질랜드는 실력파 감독과 배우들을 배출한 나라로도 유명하다. 감독으로는 마틴 캠벨(《007 카지노 로얄》), 리 타마호리(《007 어나더 데이》), 로저 도널드슨(《리쿠르트》) 등이 있고, 배우로는 샘 닐, 러셀 크로우, 마튼 크소카스, 안나 파킨 등이 있다. 그러나 이렇게 뛰어난 인재들의 대부분은 활로를 찾아 같은 영어권인 미국이나 영국으로 거점으로 옮겨 활약하고 있다.

이런 사정 때문인지 뉴질랜드가 영화산업 육성에 본격적으로 뛰어들고 있다. 영화산업 진흥에 적극적인 한국과도 상호협정을 통해 양국의 영화를 우선적으로 공급한다는 협약을 맺고 있고, 다른 나라들과도 교섭을 계속하고 있다. 이를 테면 영화 FTA(자유무역협정)라 할 수 있다.

이러한 정책과 병행해서 뉴질랜드는 '촬영지 초대 전략'을 추진하고 있다. 〈나니아 연대기〉, 〈킹콩〉, 〈반지의 제왕〉 그리고 〈라스트 사무라이〉는 모두 뉴질랜드에서 촬영되었다. 촬영지라고 하는 '경영자원'을 활용하여, 세계적인 이목을 집중시킨 다음, 많은 사람들을 불러들여서 자국의 영화계를 성장시키려는 전략이다.

실제로 뉴질랜드에는 대규모의 자연 환경을 활용하여 촬영하기에 적합한 장소가 있다. 〈라스트 사무라이〉와 이번에 소개하는 〈도로로〉를 보면 잘 알 수 있다. 일본에서는 이미 사라져버린 풍경이 고스란히 남아 있으며, 우연하게도 일본의 후지산과 비슷한 산도 있어 마치 과거 일본과 거의 유사한 풍경을 만들어낼 수 있다. 앞으로도 많은 일본 영화들이 뉴질랜드에서 촬영될 것이라고 생각한다.

뉴질랜드는 일찍이 영화계의 인재 공급국이었다고 할 수 있다. 그러나 인재들이 해외로 유출되는 것을 그저 수수방관만은 하지 않았다. 촬영지로서 많은 영화들에 등장함으로써 세계 영화계와 팬들로부터 주목을 받은 것이다. 어떤 나라, 어떤 기업에도 '이 부분에서라면 누구에게도 지지 않을' 분야가 있을 것이다. 잘 살펴보면 반드시 있다. 그것을 찾아내서 사람들을 사로잡는 '매력 포인트'로 육성시키는 것, 그것을 위해 첫발을 내딛는 것이 무엇보다 중요하다.

그것이 계기가 되어 더 중요한 일들이 시작될 것이다. 뉴질랜드의 경우 수많은 영화들이 이 나라를 촬영지로 이용하도록 만들었다. 자연스럽게 뉴질랜드 출신의 영화감독들이 모국에서 촬영하는 일도 증가하게 되었다.

실제로 〈반지의 제왕〉은 감독으로 뉴질랜드 출신인 피터 잭슨을 기용했으며, 상업적인 성공을 거두면서 아카데미상까지 수상했다. 〈나니아 연대기〉도 해외에서 활약하는 뉴질랜드 출신의 감독 앤드류 아담슨이 모국으로 돌아와 촬영을 했으며, 〈세상에서 가장 빠른 인디언〉도 뉴질랜드 출신의 로저 도날드슨이 감독을 맡았다.

　　인재를 육성하는 일은 매우 중요하다. 그러나 자기 나라, 자기 회사에 매력이 없다면 육성된 인재는 활약할 수 있는 장을 찾아 다른 곳으로 떠날 수밖에 없다. 자국, 자사의 수준을 높이고자 한다면 자국, 자사가 지닌 매력을 동시에 향상시켜 나가야 한다.

2. 영화 제작의 시네마 경제학

영화도 투자, 증가하는 리메이크, 〈숨은 요새의 세 악인〉

- 원제 : 隠し砦の三悪人–The Last Princess
- 제작 연도 : 2008년
- 제작국 : 일본
- 감독 : 히구치 신지
- 출연 : 마츠모토 준, 나가사와 마사미, 아베 히로시, 시이나 깃페이

거장 구로사와 아키라 감독의 작품 중에서도 걸작이라는 명성이 높은 〈숨은 요새의 세 악인〉(1958년)이 리메이크되었다. 때는 일본의 전국시대, 이웃한 야마나 가문의 공격으로 함락당한 무장 마카베 로쿠로타(아베 히로시)는 유키 공주(나가사와 마사미)를 데리고 다케조(마츠모토 준)와 신팟치(미야카와 다이스케)와 더불어 적지인 야마나 영지를 뚫고 나간다. 스릴 만점의 영화다.

과거 오리지널 작품이 〈스타워즈〉(1977년)에 영향을 주었다는 건 유

명한 이야기다. 실제로 타이헤이와 마타시치(리메이크 작품에서는 다케조와 신파치)는 〈스타워즈〉에서 C3PO와 R2D2로, 용감하고 당찬 유키 공주는 레아 공주로 다시 태어났다. 일본에서 리메이크된 작품 곳곳에서도 역 리메이크를 느낄 수 있다. 악역 다카야마 교부(과거 작품에서는 다도코로베)의 검은 투구와 가면은 다스베이더의 그것과 유사하고, 유키 공주와 아련한 사랑을 나누는 다케조는 한 솔로를 떠올리게 한다. (이 같은 장치들이 영화 팬들의 즐거움을 더욱 배가시킨다.)

최근에는 일본뿐 아니라 할리우드에서도 리메이크가 유행이다. 리메이크에도 다양한 종류가 있다. 과거의 작품이나 TV 프로그램을 리메이크하기도 하고, 최근에는 해외 작품들의 리메이크가 특히 눈에 띈다. 일본 영화 〈쉘 위 댄스(Shall We Dance?)〉나 〈고지라〉를 비롯해 2008년에는 TV애니메이션 〈마하 GoGoGo〉가 〈스피드 레이서〉라는 제목으로 리메이크되기도 했다. 한국과 홍콩 영화들도 할리우드에서 리메이크되고 있다. 영화의 생명은 소재라고 할 수 있는데, 최근 들어 할리우드에서도 소재가 거의 바닥났기 때문일 것이다.

영화가 투자 상품, 즉 펀드화하고 있는 최근의 분위기도 리메이크를 부추기는 하나의 원인으로 작용하는 듯하다. 할리우드에서는 계약서만도 방 하나를 가득 채울 만큼 엄청난 양의 작업을 요한다. 그 때문에 성공할지 실패할지를 저울질해야 하는 상황보다는 확실하게 흥행해야 하는 것이 지상 목표가 된다. 일단 흥행을 검증받은 작품은 예상 밖의 실패를 초래하지는 않기 때문에 리메이크 대상이 되기 쉽다. 이를 테면 '예금이 투자로 유입되는 방식'과 거의 유사하다.

최근에는 서브프라임 론으로부터 기인한 금융 위기 때문에 할리
우드에서도 제작비를 확보하기가 어렵다고 한다. 그 역시도 영화가
투자 상품이 되고 있다는 증거일지 모른다.

2007년에도 구로사와 아키라 감독의 작품 중 〈츠바키 산주로〉가
리메이크되었지만, 원작을 능가하는 흥행 성적을 거두지는 못했다.
'청출어람의 고통'은 리메이크의 숙명인 셈이다.

영화제작은 곧 창업, 〈누구를 위해〉

- 원제 : 誰がために—Portrait Of The Wind
- 제작 연도 : 2005년
- 제작국 : 일본
- 감독 : 휴가지 타로
- 출연 : 아사노 다다노부, 오구라 이치로, 가가와 데루요키, 미야시
  타 준코, 가라스마 세츠코, 에리카, 이케와키 치즈루, 고이케
  덴페이

앞서도 말했지만 필자가 거의 모든 시사회에 빠짐없이 참석하
는 이유는 지금까지 보지 못했던 좋은 영화와 감독을 만날 수 있는
기회이기 때문이다. (먹어 보지도 않고서 싫어하는 음식이라고 단정 짓는 오류를 막기 위한
것이다.) 〈누구를 위해〉라는 작품은 말 그대로 그와 같은 기회에 만난
좋은 영화였다.

영화감독이나 영화 관계자들과 일을 해보고서 알게 된 것은, 한 편 한 편의 영화제작이 곧 창업과 다름없다는 사실이다. 영화란 처음에 새로운 콘셉트와 표현 방식이 존재하고 그에 필요한 자금을 끌어들여 제작을 한 연후에 상품으로서 세상에 선을 보이는 것이다. 〈누구를 위해〉의 원안과 감독을 맡은 휴가지 타로는 이 작품으로 감독 데뷔를 했고, 말 그대로 창업을 한 셈이다.

세계적으로 유명한 할리우드의 감독이나 제작자라 할지라도 처음부터 계획을 세워 필요한 자금과 스태프를 끌어 모으는 일은 여간 힘든 일이 아니다. 큰 조직에 소속되지 않은 신인 감독으로서 휴가지 타로 감독의 노고가 얼마나 컸을지 짐작이 되고도 남는다. 그럼에도 그는 결과적으로 아사노 다다노부라는 좋은 배우를 주연으로 얻을 수 있었고 최고의 스태프들을 만날 수 있었다. 자금을 비롯해 문화청의 지원을 받을 수 있었던 것도 영화의 수준을 신뢰하게 만든다.

도쿄의 한 동네에서 어린 소년에게 어이없이 아내를 살해당한 남편(아사노 다다노부)이 주인공이다. 그런데 범인은 소년법에 의해 단기간의 복역 끝에 출소하게 된다. 그것을 보고 견딜 수 없는 분노와 슬픔이 솟구치면서 주인공은 혼란에 빠진다. 영화는 이와 같은 '폭력과 죽음과 사랑'을 테마로 한다. 최근 일본의 치안 상황도 악화일로다.

새로운 아이디어나 비즈니스 모델이 기업의 바탕이 되지만, 영화의 바탕이 되는 것은 '새로운 콘셉트와 표현 방식'이다. 이 영화에서는 본래 무거운 주제인 폭력을 투명하고 절제된 방식으로 그려내고

있어 신선함을 준다. 원안 작업에 참여한 감독의 의도는 꼼꼼히 그려낸 영상에 충분히 반영되어 있다. 마치 프랑스 영화처럼 영상 하나하나가 빛을 발하는 듯하다. 라스트신이 특히 그렇다. 미국 영화처럼 누구나 이해할 수 있도록 설명하지 않고 여백이 있는 관념적인 영상은 일본 영화에서는 참으로 신선하다.

새로운 프로젝트를 완성해가는 과정은 기업에서든 영화에서든 마찬가지다. 영화에서는 CG와 같은 기술뿐 아니라 감독의 독자적인 예술성도 이를테면 신기술이라 할 수 있다. 이와 같은 하드적인 기술과 소프트한 기술의 결합은 영화 제작이 곧 창업이라는 것을 증명한다.

국경을 초월한 리메이크, 〈디파티드〉

• 원제 : The Departed
• 제작 연도 : 2006년
• 제작국 : 미국
• 감독 : 마틴 스콜세지
• 출연 : 레오나르도 디카프리오, 맷 데이먼, 잭 니콜슨, 마크 월버그, 마틴 쉰, 알렉 볼드윈
★ 아카데미 작품상, 각본상, 편집상을 수상했다. 'The Departed'란 여행을 떠난 사람, 즉 세상을 떠난 사람이라는 의미이다.

2007년 아카데미 작품상을 수상한 〈디파티드〉 역시 리메이크 영화다. 이 작품은 홍콩 영화 〈무간도〉를 리메이크한 미국 영화. 마

피아에 잠입한 경찰관과 경찰에 잠입한 마피아의 사투라는 설정이 스릴감을 준다. 〈무간도〉는 2002년에 제작된 작품으로 침체된 홍콩 영화계를 소생시켰다는 평가를 받는 수작이다. 속편과 함께 제작된 3편 모두가 흥행에 성공했다.

미국판의 감독은 폭력을 묘사하는 데 뛰어난 재능을 지닌 마틴 스콜세지. 그의 작품에는 명작들도 많다. 〈택시 드라이버〉, 〈뉴욕, 뉴욕〉, 〈성난 황소〉, 〈갱스 오브 뉴욕〉 등등 열거하기 시작하면 끝이 없을 정도다. 마틴 스콜세지는 이 작품을 통해 마침내 아카데미 감독상을 수상했다.

캐스팅도 화려하다. 범죄자 집안 출신인 빌리는 레오나르도 디카프리오가 맡았다. 그는 인생 전환을 꿈꾸며 경찰관을 목표로 삼는다. 그러나 경찰관이 되자마자 마피아에 잠입해 수사하라는 명령을 받는다. 한편 마피아에 의해 성장한 콜린(맷 데이먼)은 보스인 코스텔로(잭 니콜슨)의 명령에 따라 내통자로서 경찰관이 된다. 이와 같은 상황에서 아주 중요한 역할을 수행하는 경찰부장 역할은 마크 월버그가 맡았다. 그의 호연도 볼 만하다.

누구나 인정하듯 미국은 세계 최고의 영화 왕국이다. 예컨대 미국 영화와 일본 영화의 무역수지를 살펴보면 미국은 압도적인 흑자를 점유하고 있다. 이렇듯 최고의 실력을 지닌 미국이 외국의 영화들을 리메이크한다는 사실이, 특히 독자성을 숭배하는 일본의 감각으로는 위화감을 느낄 수도 있다. 그러나 미국 영화계의 발전과 번영은 리메이크를 받아들일 수 있는 유연성과 개방성 덕분에 얻어진 것

이라 생각한다. 이 작품을 계기로 다시 한 번 주목을 받은 리메이크 수법은 미국 영화계가 지금보다 훨씬 더 번영을 구가하던 시절부터 꾸준히, 그리고 왕성하게 도입해온 수법이기 때문이다.

일본 영화의 리메이크도 상당히 많다. 그중에서도 구로사와 아키라 감독의 〈7인의 사무라이〉가 〈황야의 7인〉으로 리메이크된 것은 유명하다. 〈황야의 7인〉은 속편도 만들어진 데다가 시점을 전환해서 〈우주의 7인〉이라는 영화로도 제작되었다. 그밖에도 〈요짐보〉가 〈라스트 맨 스탠딩〉으로, 〈고질라〉가 〈GODZILLA〉로, 〈쉘 위 댄스?〉가 〈Shall We Dance?〉로, 〈링〉이 〈The Ring〉으로, 〈자토이치〉가 〈마검의 심판자〉로, 〈주온〉이 〈THE JUON, 呪怨〉으로, 〈남극 이야기〉는 그대로 〈남극이야기〉로, 이것 역시 예로 들자면 한도 없다.

이렇듯 최고의 자리에 선 미국 영화계가 외국 작품이라도 좋은 것은 좋다고 겸허하게 인정하면서 그것을 적극적으로 받아들이는 태도는 스스로에게 '좋은 의미의 자극'이 되었을 것이다. 미국 경제계와 산업계 전반에 대해서도 동일한 평가를 할 수 있다. 일찍이 세계적인 대기업들은 한결같이 '재료에서 부품, 그리고 최종적인 제품에 이르기까지 스스로 만들고 판매까지 제 손으로' 해내는 수직통합의 형태를 취하고 있었다. 이 같은 독자주의 노선을 다양한 전문 기업들이 각자의 분야에서 경쟁하는 산업구조로 변화시켜 이른바 '오픈화'로 세계를 주도해온 것도 미국이다. 실제 미국 당국의 관계자들로부터 자주 듣는 것은 그들의 기본 역할은 '경쟁 상태를 유지하는 것'이라는 이야기다. 그 같은 태도가 미국 경제의 지속적인 성장 토대인

듯하다.

　단, 이처럼 유연하고 개방적인 문화와 탁월한 마케팅 능력을 가지고 있다고 반드시 성공하는 것은 아닌 모양이다. 많은 미국 영화들을 보고 있으면 유명 스타가 출연하지만 '절대로 흥행할 것 같지 않은 작품들'을 만나기도 한다. 이런 영화를 왜 만들었을까 신기한 생각이 들 정도다.

　그리고 보니 일본 영화 〈행복의 노란 손수건〉을 할리우드에서 리메이크한 작품의 제작 발표회 안내장이 도착해 있다. 제목은 〈노란 손수건(The Yellow Handkerchief)〉이라고 한다. 너무 무미건조한 직역의 느낌이다.

연작의 새로운 흐름, 〈터미네이터〉

- 원제 : The Terminator
- 제작 연도 : 1984년
- 제작국 : 미국
- 감독 : 제임스 카메론
- 출연 : 아놀드 슈왈제네거, 마이클 빈, 린다 해밀턴

1984년, 1991년, 2003년에 세 편의 시리즈로 제작된 아놀드 슈

왈제네거의 대표작 〈터미네이터〉. '터미네이터=아놀드 슈왈제네거'로 연상하는 사람도 많을 것이다. 오스트리아 출신의 아놀드 슈왈제네거가 지금은 일본 TV에서 "뭐든 있는 캘리포니아!"를 선전하는 미국 캘리포니아의 당당한 주지사라니 인생은 참으로 알 수 없는 것이다.

〈터미네이터〉의 시간은 2029년의 지구라는 설정이다. 지구에서는 기계와 인간이 생존을 걸고 격렬한 싸움을 벌이고 있다. 전세가 기계 쪽으로 기울며 인간은 반역자가 된다. 기계와 인간의 대립이라는 주제는 〈2001 스페이스 오디세이〉에서도 묘사된 것이다.

'터미네이터'란 terminate(종료) 시키는 것을 의미한다. 기계와 인간의 전쟁을 종료시킨다는 의미에서 무리하게 번역하면 '최종병기'라고 할 수 있을까? 제1편에서는 아놀드 슈왈제네거가 연기하는 터미네이터(T-800)가 기계 진영의 명령에 의해 1984년의 로스앤젤레스로 보내지는데, 과거로 찾아간 목적은 기계에 대항하는 인간의 리더인 존 코너를 낳게 될 여성을 죽이는 것이다.

〈터미네이터〉는 1편의 흥행 성공에 힘입어 2편, 3편이 연이어 제작되었다. 이른바 시리즈 영화의 경우 대부분 1편이 성공하면 속편을 보고 싶어 하는 사람들이 많다는 이유로 제작되기 마련이다. 〈록키〉와 〈혹성탈출〉, 〈쥬라기 공원〉, 〈대부〉 등이 그 같은 수순을 밟아 속편들이 제작되었다. 흥행에 성공하지 못하면 당연히 2편은 제작되지 않는 것이 일반적인 흐름이었다.

그러나 최근의 영화 산업에서 시리즈에 대한 시각이 변화하고 있다. 다시 말하면 부가적인 속편으로서의 연작이 아니라, 처음부터 계

획하에 시리즈를 제작하는 영화들이 늘고 있다. 〈스타워즈〉와 같이 1편을 제작하기 전부터 2편, 3편의 제작을 전제로 하는 작품들도 있다. 최근 작품에서는 〈매트릭스〉와 〈킬빌〉도 그에 해당하는 작품이다.

계획적으로 시리즈 연작을 만듦으로써 '1편 개봉 → DVD 판매 → TV 방영과 2편 예고 → 2편 개봉'과 같은 방식으로 '가치 사슬(Value Chain)'을 만들어갈 수 있는 것이다. 단, 영화 제작은 기본적으로 막대한 자금이 소요되기 때문에, 흥행의 확률은 낮고 리스크의 강도가 높은 비즈니스이다. 계획적인 시리즈 제작에서는 쓸데없는 위험이 증가할 수도 있다.

여기서 무시할 수 없는 것이 바로 '안목'이라는 것이다. 영화 제작이란 '좋은 원작'을 발견하고 자금과 인재들을 끌어 모아 하나의 영화 작품으로 완성시켜 흥행에 성공시키는 것이 기본이다. 그렇기 때문에 투자 위험이 크면 클수록 원작이 과연 정말로 좋은지 어떤지를 제대로 판단할 수 있는 감식안이 절실히 필요하다.

3. 캐스팅 시네마 경제학

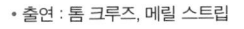
개런티는 유로로 달라, 〈로스트 라이언즈〉

- 원제 : Lions For Lambs
- 제작 연도 : 2007년
- 제작국 : 미국
- 감독·출연 : 로버트 레드포드
- 출연 : 톰 크루즈, 메릴 스트립

아카데미상을 받은 바 있는 감독 로버트 레드포드가 7년 만에 메가폰을 잡은 〈로스트 라이언즈〉. 대통령 후보가 되고자 하는 어빙 상원의원(톰 크루즈)은 저널리스트인 제니 로스(메릴 스트립)에게 아프가니스탄의 대테러 전쟁에 관한 새로운 정보를 흘린다. 자신에게 호의적인 보도를 쓰게 하려는 것이 목적이다. 제니 로스는 그것을 특종으로 보도할 것인지 고민한다.

한편 전쟁터에서는 애국심에 불타 지원병으로 전쟁에 참가한 두

명의 학생이 산속에 고립한 상황. 그들의 은사(로버트 레드포드)는 그들의 이야기를 예로 들어 지금의 학생들에게 무기력하고 무관심한 어리석음을 강조하면서 반전 메시지를 전한다.

할리우드의 거물급 세 사람이 결합한 것만으로도 주목을 받은 영화다. 개런티도 엄청난 금액이었을 것이다. 톰 크루즈 정도의 스타급 배우의 개런티는 편당 2천5백 달러라고 하는데, 최근에는 '흥행 수입의 10%'와 같은 계약도 있다고 한다. 이런 경우, 운만 좋으면 2억 달러에 달하는 엄청난 금액을 손에 넣을 수도 있다. 개런티의 액수도 배우의 순위를 결정하는 중요한 요소다. 스타가 개런티에 예민해지는 것도 이해된다.

개런티는 보통 미국 달러로 지급되는 경우가 많다. 그런데 최근 브라질 출신의 슈퍼모델로 〈프라다를 입은 악녀〉와 〈TAXI NY〉 등에 출연한 지젤 번천은 자신의 개런티를 유로로 지불해 달라고 요구했다고 한다.

실제로 2008년 중반에는 '달러 약세, 엔 약세, 유로 강세' 흐름에서 유로는 달러에 대해 사상 최고치를 경신했고, 엔에 대해서는 약 89엔이라는 최저치에서 두 배 가깝게 상승했다. 당시 유럽 경제가 안정적인 데 반해 미국과 일본은 경기악화에 대한 우려가 고조되는 상황이었다.

더욱이 환율이 변동하는 요인 중의 하나로 금리가 있는데, 당시 유로의 금리는 달러보다 높게 추이하고 있었다. 유럽 경제는 전통적으로 경기 자극보다는 인플레이션 억제에 중점을 두는 정책을 펼친

다. 그렇기 때문에 필연적으로 다른 나라들보다 금리가 높아지는 경향이 있다.

배우들의 개런티에까지 영향을 미치기 시작한 유로의 강세. 일본이 영국의 경제잡지 《이코노미스트(The Economist)》에 'JAPAiN'*이라는 야유를 받은 것과는 무척 대조적이다.

성공을 결정하는 캐스팅, 〈매직 아워〉

- 원제 : ザ・マジックアワ
- 제작 연도 : 2008년
- 제작국 : 일본
- 감독 : 미타니 고키
- 출연 : 사토 고이치, 츠마부키 사토시, 후카츠 에리, 아야세 하루카, 니시다 도시유키, 아마미 유키, 가라사와 도시아키

〈매직 아워〉는 큰 성공을 거둔 〈더 우초텐 호텔〉에 이은 미타니 고키 감독의 희극 영화다. 암흑가 보스(니시다 도시유키)의 여자(후카츠 에리)와 밀회를 나누다 들킨 빙고(츠마부키 사토시)는 그 벌로 전설의 킬러를 찾아내야 하는 처지에 놓인다. 그러나 예상대로 전설의 킬러를 찾아

- 영국 시사주간지인 《이코노미스트》(2008년 2월 23일호)에 게재된 타이틀. 침체 속에 있는 Japan(일본)의 경제를 Pain(고통)이라 표현한 말이다.

내기가 쉽지 않다. 그래서 무명의 삼류배우(사토 고이치)를 영화 촬영이라 속이고 무리하게 전설의 킬러로 만들어낸다. 끊임없이 궁지에 몰리면서도 웃음을 만들어내는 미타니 고키 감독 특유의 위트가 보는 이를 즐겁게 만드는 영화다.

주연급 배우가 기라성처럼 출연하는 것도 미타니 감독의 영화에서만 볼 수 있는 것이다. 나카이 기이치, 아마미 유키, 스즈키 교카, 가라사와 도시아키 등 모두 톱스타들이 단역으로 출연한다. 그래서 쉽게 상상되는 것이 개런티도 엄청날 것이라는 사실이다.

영화 제작 현장은 다양하게 세분화되어 있어 캐스팅에도 전문적인 프로듀서가 존재한다. 할리우드에서 대작이라 하면 대개 제작비가 1억 달러(약 백억 엔) 이상 투여된 영화를 가리키는데 톱배우 두 명의 개런티로 제작비의 절반이 사라진다. (참고로 일본에서의 대작은 20억 엔 이상을 가리킨다.) 그렇기 때문에 캐스팅과 개런티의 효율적인 관리가 영화 성공의 아주 중요한 열쇠다.

영화 비즈니스는 일반적으로 기획 단계부터 영화를 개봉해 자금을 회수하는 데까지 대략 3년 이상이 소요되는 장기 프로젝트다. 대부분의 영화사는 자금 부족과의 전쟁을 치를 수밖에 없다. 그 때문에 미국에서는 현금(자금)을 보충하기 위해 완성된 작품을 개봉하기 직전에 다른 영화사에 매각해서 자금을 얻는 방식도 통상적으로 행해지고 있다. 금융에서의 어음 할인과 유사한 방식이다. 최근에는 일본에서도 '영화 펀드' 등이 설립되고 있지만 생각처럼 되지 않는 상황이다.

미타니 고키 감독은 미리 배우를 상정한 다음에 각본을 쓰는 스타일의 감독이다. 이런 방식은 배우를 한정하기 때문에 비용이 높아질 가능성이 있다. 영화를 비즈니스로서 생각한다면 예술성뿐만 아니라 금전적인 감각도 요구된다. 영화 제작은 고된 작업인 것이다.

미타니 고키 감독에 따르면 '매직 아워'란 해가 지고 빛이 스러질 때까지의 시간을 가리킨다고 한다. 아주 환상적이고 세상이 가장 아름답게 보이는 시간이라는 것이다. 그리고 누구에게나 그처럼 빛나는 순간이 있다는 것이다. 궁지에 몰렸을 때 더욱 빛나는 순간이 있다는 것일까? 우리들은 매일 궁지에 몰려 있다는 느낌으로 살아가고 있는데 말이다.

제**6**장
인생

inemaeconomics

1. 행복의 시네마 경제학

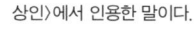

고용은 사원을 위한 것이 아니다? 〈세븐 파운즈〉

- 원제 : Seven Pounds
- 제작 연도 : 2008년
- 제작국 : 미국
- 감독 : 가브리엘 무치노
- 출연 : 윌 스미스, 로자리오 도슨, 우디 헤럴슨
- ★ 원제인 'Seven Pounds'의 'pounds'란 셰익스피어의 〈베니스 상인〉에서 인용한 말이다.

〈세븐 파운즈〉는 윌 스미스 특유의 감동적인 휴먼 드라마다. 과거에 자신이 일으킨 사건 때문에 마음에 깊은 상처를 지닌 벤 토머스(윌 스미스)는 자신이 알지 못하는 일곱 사람에게 그들의 인생을 바꿀 수 있는 '선물'을 하려고 한다. 이 작품의 결말에 대해서는 심각한 스포일러일 수 있어 말하지 않겠지만, 최후의 선물은 꽤 충격적이다.

일곱은 크리스트교에서도 불교에서도 성스러운 숫자다. (007 시리즈도 그런 영향을 받았는지는 알 수 없다.) 구약성서에서는 천지창조에 안식일을 포함

해 7일이 걸렸다. 이것이 1주일의 기원이라고 한다. '7개의 죄악'이라는 것도 있다. 불교에서도 석가모니는 태어났을 때 일곱 걸음을 걸었다고 한다. '럭키 세븐'이라는 말은 미국 메이저리그 야구에서 온 듯하지만.

이 작품의 바탕에 깔린 것은 요즘 우리 시대가 잃어버린 '상대를 배려하는 마음'이다. 배려하는 마음이 사라지고 있다는 것은 누구나 느끼고 있을 것이다. 특히 지하철 안에서는 오래전에 사라진 듯하다.

일본에 '인정을 베푸는 것은 남을 위한 것이 아니다.'라는 속담이 있는데, 이것을 요즘 사람들은 인정을 베푸는 것이 상대방을 위해서 오히려 좋지 않다는 뜻으로 오해하는 사람이 많다. 사회적인 분위기 탓일지도 모른다. 하지만 속담의 진정한 속뜻은 남을 위해 베푼 인정은 결국 돌고 돌아 자신에게 다시 돌아온다는 것이다. 다시 말하면 상대를 배려하고 사랑하면 자신도 행복해질 수 있다는 의미다. 행복을 느끼는 감정은 사람마다 다르겠지만 크리스트교에서도 불교에서도 자신만의 행복이 아닌 상대방, 혹은 모든 사람과의 관계 속에서 행복을 얻고자 노력해야 한다는 종교가들이 적지 않다. 거기에서 소중한 것은 상대를 배려하는 마음이다.

그러나 경제·경영과 인정(배려하는 마음)의 관계란 상당히 어려운 문제다. 특히, 경제·경영이 좋지 않은 시기의 '고용 문제'에서는 더욱 그렇다. 세계적으로도 실업률이 상승하고 있다. 매출이 감소하면서 고용은 줄어들고, 그에 따라 소비가 저하하면서 매출은 더욱 감소하

는 악순환이 이어지고 있다. 과거에 일본의 기업들은 해고라는 선택을 그리 쉽게 하지 않았다. 거기에서 회사에 대한 종업원들의 충성심도 생겨나고 그것이 기업의 강점으로 작용되었다. 이런 관계에서도, 인정을 베푸는 것은 남을 위한 것이 아니라는 것이 여실히 증명되고 있다. 경영에서도 가장 중요한 것은 밸런스, 균형이다.

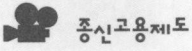 종신고용제도

졸업 후 한 기업에 취직하여, 그 기업에서 정년퇴직하기 전까지 계속 고용되는 것을 종신고용이라고 한다. 일본 대기업은 오랫동안 관행적으로 이 제도를 채택하여 정사원을 선발했다. 기업은 이 제도를 통해 사원들의 소속감을 높이고 노사관계를 안정시켜 사원이 기업에 공헌하게 만들었다.

그러나 세계적인 경제 불황과 '잃어버린 10년' 등을 거치며 은행과 기업들이 줄줄이 도산했고, 일본이 자랑하던 '종신고용'의 관행은 깨질 수밖에 없었다. '노무라'는 일본식 종신고용 원칙을 버리겠다고 선포했으며, '토요타 자동차'도 신차 판매량이 급격히 줄어듦에 따라 오랫동안 지키고 있던 종신고용제도를 버려야 할 위기에 처했다. 종신고용제도를 그대로 지키겠다고 버텼던 '캐논'도 불황으로 인해 대량 감원을 할 수밖에 없었다.

종신고용제는 자신이 속한 조직에 충성을 다하려 하는 일본의 사회·문화적 특성을 반영한 제도로, 과거 일본의 고용 안정과 경제적 효율성을 잘 유지시켜 준 제도였다. 그러나 장기불황 앞에서 기업들은 종신고용제를 대체할 다른 고용 시스템을 창출하거나, 종신고용제가 가진 단점을 보완할 필요를 느끼고 있다.

돈은 없는 게 더 낫다? 〈인투 더 와일드〉

- 원제 : Into The Wild
- 제작 연도 : 2007년
- 제작국 : 미국
- 감독 : 숀 펜
- 출연 : 에밀 허쉬, 윌리엄 허트, 캐서린 키너, 빈스 본

할리우드의 베테랑 연기자이자 아카데미 남우주연상에 빛나는 숀 펜은 배우이면서 〈서스펙트〉와 같은 진지한 작품을 연출하는 감독이기도 하다. 그가 감독한 〈인투 더 와일드〉도 깊이를 느끼게 하는 수작이다.

유복한 가정에서 태어나 우수한 성적으로 대학을 졸업한 청년 크리스는 신분증, 은행카드, 신용카드 등 사회와 자신을 잇는 연결 고리를 모두 불태우고 히치하이킹과 무임승차만을 이용해서 미국 전역을 방랑한다. 워싱턴 교외에 있는 자신의 집을 나와서, 사우스다코타, 캘리포니아, 최종 목적지인 알라스카, 그리고 야생(와일드)의 세계를 향해 돌진해간다. 자연과 어우러지는 로드무비이기도 하다.

알라스카에는 그가 진정으로 찾아 헤맨 야생의 세계가 존재한다. 폐차된 버스 안에서 생활하면서 동물을 사냥하고 풀을 뜯어먹는다. 그것은 그가 꿈꾸던 가장 이상적인 세계(생활)였다. 불교에서는 '무소

256

유의 자유'를 가르친다. 세상에는 돈을 가지고 있어도 행복해 보이지 않는 사람들도 많다. 돈에 휘둘리는 사람들도 있다. 불교에서는 '돈이 아닌 보시'라는 말이 있다. 돈을 매개로 하지 않고도 배려하는 마음과 친절한 마음만으로 타인을 행복하게 하는 것이다. 영화 속의 크리스는 물질문명에 염증을 느끼고 오로지 홀로 자연 속으로 들어간다.

인간 사회를 벗어나 돈을 버리고 자연 속으로 헤쳐 들어가면 경제 세계로부터도 유리된다. 근래 필자가 졸업한 고등학교에서 경제학을 강의하는 일이 몇 차례 있었다. 그때 고등학생들로부터 반드시 나오는 질문이 "경제학이라는 것이 사회에 얼마나 도움이 되는가?"라는 것이다. 그럴 때는 "경제학은 돈을 잣대로 삼는 철학(사고방식)이기 때문에 사회의 어느 분야에서건 도움이 된다."고 대답한다. 그러나 경제학에서 돈의 존재가 사라지면 아무것도 대응할 수 없게 된다. 이 영화도 자연으로 들어가는 순간 경제 세계로부터도 벗어나게 된다. 돈을 매개로 한 매매가 이루어지지 않으면 GDP(국내총생산)도 측정할 수 없다.

하지만 크리스는 혼자 생활하면서 자연계가 지닌 함정에 빠지게 된다. "행복이란 타인과 나눠가질 때 비로소 얻을 수 있다."라는 그의 대사가 인상에 남는다. 경제라는 것도 저 혼자서는 성립할 수 없다. 최근에는 돈(금융)이 지닌 나쁜 측면만이 주목을 받는 현실이지만, 예금과 보험의 구조 덕분에 꿈을 실현할 수 있거나 갑작스런 불행에 대응할 수도 있다. 일면만을 보고 판단해서는 안 될 것이다.

진퇴양난에서 탈출하는 법, 〈스파이더맨 3〉

• 원제 : Spider-Man 3
• 제작 연도 : 2007년
• 제작국 : 미국
• 감독 : 샘 레이미
• 출연 : 토비 맥과이어, 커스틴 던스트, 제임스 프랭코

〈스파이더맨 3〉에서 피터 파커(스파이더맨)는 이번에도 어김없이 '궁지'에 빠진다. 새롭게 등장한 적은 샌드맨. 위협은 그뿐만이 아니다. 스파이더맨을 적으로 간주하는 뉴 고블린도 그의 뒤를 쫓는 상황이다. 절친한 친구였던 해리 오스본이 뉴 고블린이다. 거기다 옛 동료까지 악의 화신으로 변해 스파이더맨에게 도전해온다. 그런 가운데 정체를 알 수 없는 검은 액체 바이러스인 베놈(에일리언 생명체)까지도 스파이더맨의 몸속에 들러붙어 그의 마음을 악으로 물들여간다. 여러 가지 요인이 상황을 한층 악화시키고 있다. 결국은 피터를 지탱해주던 메리 제인의 마음도 그의 곁을 떠나간다. 그리고……

이런 최악의 상황에 처했을 때 우선적으로 해야 할 일은 그와 같은 위협적인 상황을 초래한 것이 다름 아닌 자신이라는 사실을 자각하고 받아들이는 일이다. 그러나 현실에서는 첫 단계부터 실패하는 경우가 많다. 한마디로 그것이 곧 '인간이 지닌 약점'이다. 영화에

서는 베놈이 그것을 상징하는 존재로 등장한다. 이 바이러스가 인간의 약점을 증폭시켜 내적 갈등을 조장한다. 그리고 위기적 상황이 사실은 자신의 자만과 탐욕이라는 '약점'으로부터 기인된 일임을 망각시킨다. 그 때문에 원인은 제거되지 못하고 반대로 다양한 사건을 일으키는 요인으로 작용하면서 갈등을 더욱 키우고 새로운 문제를 발생시킨다.

기업 경영의 경우도 이것과 하등 다를 바가 없다. 문제가 발생하면 자신도 모르게 부하 직원의 잘못으로 돌리기 일쑤다. 그렇지 않을 경우에는 사태가 불가항력적인 것이었다고 착각한다. '백 년에 한 번 올까 말까 하는 불경기 때문에'라고 말할 때도 그런 뉘앙스가 담겨 있다. 그러면서 안일한 임기응변의 미봉책으로 일관하다가 사태를 더욱 악화시킨다. 그런 경영자가 궁지에 빠진 회사를 회생시킬 수는 없다. 이 영화의 선전 문구에 '또 한 사람의 적, 그것은 바로 자기 자신'이라는 문장이 있다. 지당한 지적이다. 냉정하게 자신의 과오를 인정한 다음 그것을 분석하고 적절하게 대응해 나가야 한다. 그렇게 하지 않는 한 궁지에서 탈출할 수 있는 방법이란 없다.

좋은 예를 보여주는 것이 미국의 국가운수안전위원회의 방침이다. 당사자가 모든 것을 분명히 밝힐 경우에는 죄를 묻지 않는다고 한다. 이와 같은 방침은 문제를 신속하게 해결하고 더 큰 문제의 발생을 미연에 막을 수 있게 한다. 인간은 자신에게 책임이 부가되고 벌이 과해질 것이라고 생각하면 진실을 감추고자 애쓰는 존재다. 그 결과 명확한 문제점이 보이지 않게 되어 버린다. 과거가 아닌 미래를

소중히 만들어가기 위해서는 영화의 라스트에 크리스의 숙모가 했던 대사처럼 '모든 것을 용서하는 것'이 중요하지 않을까?

참고로, 〈스파이더맨 3〉의 첫 월드프리미어는 도쿄의 롯폰기 힐즈에서 개최되었다. 무심히 간과하기 쉬운데, 이 영화를 제작한 소니픽처스(옛 콜롬비아 영화사)는 일본 자본이다. 그 때문에 세계 최초의 시사회가 일본에서 열린 것이다. 주연을 맡은 토비 맥과이어와 커스틴 던스트도 샘 레이미 감독과 함께 시사회에 참가했다. 세 사람은 〈스파이더맨〉 시리즈 세 편을 모두 함께한 트리오다. 4편에서는 트리오가 깨질 거라는 소문도 있지만.

월드 프리미어에서는 소니의 회장 겸 CEO인 하워드 스트링거 씨가 인사말을 했다. 미국에서 소니는, 일본 기업(소니)이 미국의 정신(콜롬비아 영화사)을 사들였다는 격한 비난 속에서 사업도 엄청난 적자 상태인 진퇴양난의 상황에 처해 있다. 그러나 영화 사업에서는 '멋지게' 재기하여 궤도에 올랐다.

2. 불안과 운의 시네마 경제학

오르기 때문에 도전한다, 〈X파일: 나는 믿고 싶다〉

- 원제 : The X-Files—I Want To Believe
- 제작 연도 : 2008년
- 제작국 : 미국
- 감독 : 크리스 카터
- 출연 : 데이빗 듀코브니, 질리언 앤더슨, 아만다 피트

　미국 TV 드라마면서도 일본 TV의 골든타임에 방송되어 한때 엄청난 붐을 일으켰던 〈X파일〉의 두 번째 영화는 10년 만에 제작되었다. 미국 TV에서는 1993년부터 2002년까지 약 10년 동안 시즌 9까지 방영되었다. X파일이란, FBI에 실제로 존재한다고 하는 현재 과학으로는 해결 불가능한 사건 파일을 가리킨다. UFO나 괴물 등을 비롯한 초(超) 이상 현상이 많다. 두 번째 영화에서는 주인공인 FBI 요원 멀더와 스컬리의 그 후 이야기도 그려진다.

모니카라는 여성 요원이 실종되었는데 조사는 전혀 진전을 보이지 않는다. 투시능력을 지닌 신부 조셉이 얼어붙은 호수에서 토막살해 당한 남자의 팔을 발견하는데, 담당 수사관은 통상의 조사로는 사건 해결이 불가능하다고 판단한다. FBI는 그 분야의 전문가인 멀더와 스컬리에게 협력을 요청한다. 11개의 토막 사체와 머리가 두 개인 개도 발견되면서 잔학한 범죄의 전모가 드러나기 시작한다. 이 같은 분위기는 초기의 〈X파일〉과 아주 유사하다.

〈X파일〉은 '알지 못하는 것'이 있다는 것이 기본 전제다. 인간에게는 알 수 없는 것들이 많다. 특히 미래에 대해서는 알 수 없다. 니콜라스 케이지 주연의 〈넥스트〉에서는 고작 2분 후의 미래를 알 수 있다는 이유만으로 주인공이 된다. 그리고 우리 경제학자들은 '미래'의 경제가 어떻게 될 것인지를 예상하기 위해 매일 조사하고 분석하느라 바쁘다.

또 한편 인간은 쉽게 잊기도 한다. 경제 위기는 잊을 만하면 찾아오는 법이지만, 그래도 대략 10년에 한 번, 그것도 10년마다 '7'이 붙는 해에 일어나고 있다. 1987년의 블랙먼데이, 1997년의 아시아 통화 위기와 IT버블의 붕괴, 2007년에는 서브프라임 금융위기가 발생했다.

과거는 곧잘 잊는 데다 미래는 알 수 없다. 역설적이지만 경제나 경영, 투자는 그런 점 때문에 더 흥미로운 것일지 모른다. 스포츠 경기나 수험에서도 마찬가지이지만 처음부터 승부나 결과를 알고 있다면 재미도 없을 것이고, 도전하려는 노력도 하지 않을 것이다. 사

실 뒤돌아보면 '도전하는 과정'이 신나는 것이고, '알 수 없는' 부분에 가능성이 있으며, 그것들이 바로 인간의 '노력의 원동력'일지도 모른다.

인생도 기업도 경제도 아지막은 운이다? 〈매치 포인트〉

• 원제 : Match Point
• 제작 연도 : 2005년
• 제작국 : 미국
• 감독 : 우디 알렌
• 출연 : 조나단 리스 마이어스, 스칼렛 요한슨

〈매치 포인트〉는 우디 알렌 감독의 작품이다. 다재다능한 우디 알렌은 감독과 각본, 출연(목소리 출연)까지 모두 소화하고 있다. 1935년 뉴욕 출신이니 벌써 일흔을 넘긴 나이다. 그런데 거의 매해 정력적으로 영화를 만들고 있고, 이 작품이 그의 36번째 작품이라고 하니 놀라울 뿐이다. (이 작품 이후에도 거의 매해 영화를 제작하고 있다.) 이 작품에서 필자는 부활의 징후를 느꼈다. 그것은 여태까지의 우디 알렌의 작품과는 상당히 터치가 다르기 때문이다. 물론 우디 알렌 특유의 냉소적인 대사는 충분히 빛을 발하고 있다.

이 작품의 특징(차이점)으로는 최근 그가 몰두하던 블랙코미디가 아니라 본격적인 서스펜스라는 사실, 처음으로 뉴욕을 벗어나 런던에서 촬영을 했다는 점(영국 특유의 분위기가 드러나기도 한다), 뚜렷한 계급사회가 묘사되고 있다는 점, 농도 짙은 러브신이 있다는 점, 재즈나 스탠더드 팝이 아닌 오페라 명곡을 음악으로 사용하고 있다는 점 등을 들 수 있다. 모르고 보면 우디 알렌 감독의 영화라는 사실을 눈치 채지 못하는 사람도 있을 것이다.

줄거리는 《뉴욕 타임스》에서도 소개되었듯, 한마디로 현대판 〈태양은 가득히〉라 할 수 있다. 상류층과 하류층, 행운을 가진 사람과 불운한 사람이 각기 비극적인 드라마를 만들어간다. 필자는 특히 이 작품의 마지막이 좋다. 실제 현실은 영화처럼 보기 좋게 마무리될 수 없겠지만, 이런 점이 영화가 지닌 매력이 아닐까?

이 영화의 주제는 '운'이다. 우디 알렌은 운이라는 것이 얼마나 큰 역할을 해내는 것인가를 그리고 있다. 인생이란 너무 무질서하고 불안하고 목적도 없고 의미도 없으며, 분명 노력이 중요하지만 인간은 그저 운에 좌우된다는 사실을 인정하는 것이 두려울 뿐이라고 말하는 듯하다.

아닌 게 아니라 필자도 요즘은 인간은 태어날 때부터 운에 의해 좌우되는 불공평한 존재가 아닌가 하는 생각을 한다. (편견이 아닌 솔직한 심정으로) 이 영화에 그려진 것처럼 상류계급(부자)이냐 하류계급(빈자)이냐에 따라, 또는 아름다운 용모를 지니고 있느냐 그렇지 않느냐에 따라, 키가 큰가 작은가에 따라, 머리가 좋은가 나쁜가에 따라, 건강한

가 건강하지 않은가에 따라 인간의 삶은 달라지는 듯하다. 그러나 인간에게 가장 중요한 문제는 인생을 얼마나 행복하게 보낼 수 있느냐가 아닐까?

인생에는 목적도 의미도 없다고 하는 시선은 다양한 극적 경험을 쌓아온(인생길을 걸어온) 우디 알렌의 궁극적인 사고일 것이다. 운에 관한 속담 중에 '굴러들어온 호박'이라는 말도 있지만, 굴러들어온 호박을 받을 수 있으려면 적어도 호박 덩굴 아래에 앉아 있지 않으면 안 되는 것이다.

'계급 사회'라고 하는 것은 일본에서도 '격차'라는 단어로 경제 문제가 되고 있다. 우디 알렌이 말하고자 하는 것은 '노력'은 우선 전제로서 필요하다는 것이다. 그러나 지금의 일본 상황을 보면 '전제로 삼았던 성실한 노력'도 잃어버렸다는 느낌을 받는다. 길거리와 지하철의 젊은이들이나 중년들을 바라보면서 강한 불안감을 느끼는 이는 필자만이 아닐 것이다. 일본의 구조개혁 정책과 미국과 영국의 구조개혁 정책(레이거노믹스와 대처리즘)의 가장 큰 차이점 중의 하나는 미국과 영국에서는 사회인들을 포함한 '교육'에 중점을 두었다는 것이다. 일본의 구조개혁에서는 가장 중요하다는 '교육' 부분이 누락되어 있다.

우디 알렌은 뉴욕이 아닌 도시에서의 촬영이 처음이라고 하는데 영국의 우중충한 날씨가 의외로 마음에 들었다고 한다. 필자는 런던에서도 오랫동안 체재한 적이 있는데, 이 영화는 런던의 보수적인 명소탐방이라 할 수도 있겠다. 영국의 숲과 공원들은 참으로 아름답

다. 또 전형적인 런던 사투리인 '코쿠니(cockney)'를 비롯한 영국에서 사용되는 각종 영어들이 등장해 '영국식 영어'를 공부하는 데도 도움이 될 것이다. 물론 미국식 영어도 나온다. 트집을 하나만 잡자면, 필자도 중학 시절부터 테니스를 했지만, 프로 테니스 선수로 나오는 주인공의 테니스 실력이 너무나 형편없었다는 점이다.

🎥 **대처리즘**

'레이거노믹스'와 함께 신자유주의의 이념적 기반으로 불리는 정책으로, 영국 노동당 정부가 추진한 사회복지정책이 노조 권력화와 과잉복지부담 등의 문제점을 노출하자 1979년에 집권한 보수당의 마가렛 대처 수상이 공기업 민영화, 금융개혁, 노동시장개혁, 외국인 투자유치 등의 '영국병 해소'를 위한 정책을 추진했다. 분배보다는 성장에 무게를 둔 그녀의 경제정책을 '대처리즘(Thatcherism)'이라고 한다.

대처리즘은 정부 개입을 최소화하고 금융시장을 개방하여 시장경제 활성화를 가져오는 등 영국병을 해소하는 데 일조하였으나, 1980년대 말부터 후유증이 나타났다. 복지정책의 퇴보와 물가상승률(인플레율)과 실업률 증가 등의 문제점이 나타났으며, 빈곤층이 크게 증가했다.

대처가 집권하던 시기에 기초 교육을 받으며 자란 세대를 '대처세대'라고 하는데, 정치 무관심, 흡연과 알코올 의존, 비합리적 경향 등의 특징을 가졌다.

대처리즘을 기반으로 하여 성장한 신자유주의가 글로벌 경제위기의 원인으로 지목되기도 한다.

변화는 뜻밖의 장소에서 일어난다, 〈툼 레이더〉

• 원제 : Lara Croft–Tomb Raider
• 제작 연도 : 2001년
• 감독 : 사이먼 웨스트
• 출연 : 안젤리나 졸리

〈툼 레이더 2〉가 개봉된 2003년에는 아름다운 엘리트 여성이 인생의 가치를 고민하는 〈어느 날 그녀에게 생긴 일〉, '국경 없는 의사회' 활동을 통해 진정한 사랑을 깨닫는 〈머나먼 사랑〉 등, 안젤리나 졸리 주연의 영화들이 일본에서도 연달아 개봉되었다. 안젤리나 졸리는 이후로도 매해 정력적으로 영화에 출연하고 있고, 많은 해에는 세 편에 출연하기도 했다.

안젤리나 졸리는 1975년생 캘리포니아 출신으로, 포스터에서는 다소 축소 조정되긴 했지만 글래머러스한 몸매, 영화에서는 감추는 문신, 육감적인 입술 등 개성적인 면모를 지닌 여배우라 할 수 있다. 사생활에서도 수많은 화제를 낳고 있고, 현재 남편은 브래드 피트, 이혼한 전 남편은 빌리 밥 손튼, 그녀의 이름으로는 알 수 없지만 아버지는 존 보이트다. 존 보이트는 이 작품에서 아버지 역할을 맡아 처음으로 공동 연기를 선보였다.

이 영화는 세계적으로 3천만 개의 판매고를 달성한 텔레비전 게임을 바탕으로 한 액션 어드벤처로, 안젤리나 졸리를 부동의 배우로 만들어준 출세작이다. 주인공인 라라 크로프트는 런던 교외에 살고 있는 부자로 용병 경력을 지닌 트레저 헌터(보물 사냥꾼)이기도 하다.

줄거리는 5천 년에 한 번 태양계의 혹성이 일렬로 서는 그랜드 크로스일 때만 열리는 '시공의 문'이 존재해 그것을 열면 절대적인 힘을 얻을 수 있다는 이야기로 시작된다. 그것을 여는 열쇠, 성스러운 트라이앵글을 손에 넣기 위해서는 우선 라라가 가지고 있는 '비밀의 시계'가 필요하다. 그것을 찾으러 온 악의 비밀결사 일루미너티(빛의 사람들. 〈천사와 악마〉에도 등장한다)와 런던, 캄보디아의 앙코르와트, 베니스, 시베리아 등 전 세계를 돌아다니며 싸우다가 마지막에는 시공을 열고서 아버지와 만나게 되고 악인들도 물리친다.

선악이 분명하고 흥미로운 스토리지만, 그보다 다이내믹한 액션에 더 빨려든다. 〈로보캅〉에나 나올 것 같은 악한 로봇과의 트레이닝으로 시작하여, 악당들과의 격렬한 총격전(주인공 라라는 결코 총탄을 맞지 않는다), 캄보디아에서의 움직이는 석상과 대결하는 신 등, 숨죽이게 하는 액션 장면이 계속된다. 스턴트맨을 사용하지 않고 안젤리나 졸리 자신이 거의 모든 액션을 소화했다고 하니 더 놀랍다. 스트레스 해소에 딱 어울리는 영화다.

〈툼 레이더 2〉에서는 마침내 알렉산더 대왕이 발견한 '판도라의 상자'를 둘러싼 쟁탈전이 벌어진다. 홍콩, 중국, 카자흐스탄, 그리스, 탄자니아 등 전 세계를 돌면서 액션도 더욱 화려해진다. 멜로 부분에

서도 부녀지간의 부성애에서 남녀 간의 로맨스로 빠른 전개를 보인다.

이 영화의 원작은 많은 사람들이 알고 있듯 텔레비전 게임이다. 그때까지는 영화를 통해 텔레비전 게임으로 이어지는 게 보통의 흐름이었지만, 정반대로 제작된 새로운 방식이다. 더욱이 엄청난 흥행 성적을 달성했다.

이와 같이 경제에서는 생각지도 않았던 일들이 일어나기도 하고 큰 변화도 곧잘 일어난다. 텔레비전 게임이나 휴대전화, 인터넷이 이렇게 많이 팔리고 엄청난 산업화가 될 줄을 누가 알았겠는가. 앞으로도 일반 사람들에게는 뜻밖의 부분, 즉 새로운 방식과 기술에서 새로운 경제적 흐름이 나타나고 발전해갈 것이다. 경제가 상승하기만 하는 고도성장기라면 '종래와 다름없이' 해나가도 문제가 없다. 그러나 지금처럼 경제가 크게 변화하는 시기에는 전례를 답습하는 사고방식이나 고정관념은 자신의 발전을 막을 뿐만 아니라, 조직에서 퇴출당하는 사유가 될 수도 있다. 미국에서도 최근에는 해고나 매각을 통해 조직을 축소시켜 가는 단기적인 사고방식에서 '새로운 방식과 기술'을 적극적으로 발전시켜 가려는 사고방식으로 전환하고 있다.

무엇보다 일단은 시행착오를 경험하는 것이 중요하다. 그렇지 않으면 '흥행 대박'이라는 열매까지 다다르지 못할 것이다. 우리들의 삶도 마찬가지다. 긍정적인 마인드로 일단 시도해보자. 그렇게 하면 길은 열릴 것이다.

3. 꿈의 시네마 경제학

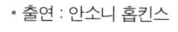

열정이 성공을 부른다, 〈세상에서 가장 빠른 인디언〉

- 원제 : The World's Fastest Indian
- 제작 연도 : 2005년
- 제작국 : 뉴질랜드/미국
- 감독 : 로저 도날드슨
- 출연 : 안소니 홉킨스

　매해 도쿄국제영화제에 출석하고 있는데, 드물게도 뉴질랜드에서 정식으로 출품된 작품을 만났다. 뉴질랜드 최남단에 위치한 도시 인버카길에 사는 62살의 가난한 버트 먼로의 실화를 영화화한 〈세계에서 가장 빠른 인디언〉이다. '뜨거운 마음' 하나로 자신이 애용하는 40년 전의 오토바이 '인디언'으로 세계 최고속도를 기록했다는 전대미문의 삶을 그린 영화다.

　이 영화는 '뜨거운 마음'만 있다면 무엇이든 할 수 있음을 실감하

게 해준다. 열정은 경영에서도 개인의 삶에서도 가장 중요한 요소다. 특히 기업의 경영에 절대적으로 필요한 요소다. 일본의 대기업 토요타의 기본적인 경영이념은 바로 '정신성'에 있다고 한다. 모두가 하고자 하는 의욕에 차 있다. 기업 전체에 활력을 불러일으키고 유지하는 것이 경영자의 역할이기도 할 것이다. 경영에는 파이낸셜^(재무관리적)적인 국면과 크리에이티브적인 국면이 있다. 특히 크리에이티브적인 국면에서는 '뜨거운 마음'이 없으면 이끌고 갈 수 없다.

영화에서 특히 마음에 남은 것은 "노인은 그저 방구석에만 처박혀 있으면 된단 말이야?"라는 주인공의 대사. 필자와 같은 세대에서도 열정을 잃어버린 사람들이 늘고 있는데, 주인공은 환갑을 넘겨서도 열정적이고 파워풀하다. 그러니 나이가 들어도 여성들에게도 인기가 많다. 그처럼 인생을 보내고 싶다.

전에도 소개한 적이 있지만, 최근 뉴질랜드 영화계가 활기차다. 〈반지의 제왕〉은 아카데미 작품상을 수상했고, 감독인 피터 잭슨도 감독상을 수상했다. 이 작품의 감독인 로저 도날드슨과 007시리즈의 감독인 마틴 캠벨도 뉴질랜드 출신이다.

이 영화의 중반은 로드무비로, 주인공은 지나는 곳마다 추억들을 쌓으면서 다른 지역으로 이동해간다. 이 영화가 좋은 또 하나의 이유는 등장인물들 모두가 '참으로 좋은 사람들'이라는 점이다. 세상의 거친 풍파에 휩쓸려 살아가는 사람들에게는 참으로 큰 위로가 된다.

노인이라고 애물단지 취급하지 마라, 〈스페이스 카우보이〉

• 원제 : Space Cowboys
• 제작 연도 : 2000년
• 제작국 : 미국
• 감독·출연 : 클린트 이스트우드
• 출연 : 토미 리 존스, 도널드 서덜랜드, 제임스 가너, 제임스 크롬웰

　사적이지만 필자의 연령은 월급쟁이로 보자면 후반에 접어들었다. 그래서인지 요즘은 회사를 그만두는 친구들이 많다. 끝이 보이기 시작했다는 말일까? 중년을 넘기면서부터 살아가는 일의 의미를 되묻는 친구들이 주변에 많다.

　오랫동안 계속되는 구조조정의 칼바람 속에서 많은 이들이 일종의 허탈감을 안고 있을 것이다. 거기에는 체념이라는 감정이 동거하고 있다. 한편 '정말 이걸로 괜찮은 걸까?' 혹은 '이대로 끝내고 싶지 않아.' 하는 심정도 마음 한구석에는 있을 터. 지식과 경험으로는 아직 젊은 애송이들한테 지지 않아, 또 한 번 인생의 꽃을 피워 볼 수는 없을까 하는 생각도 더불어 있을 것이다.

　그런 마음이 들 때 추천하고 싶은 영화가 〈스페이스 카우보이〉다. 감독이자 주인공은 클린트 이스트우드. 1930년생으로 이 영화가 2000년에 개봉되었으니 촬영 당시의 그의 나이는 일흔에 가깝다.

함께 등장하는 배우들의 면면도 중후한 멋이 넘쳐 오히려 눈물겨울 정도다. 현재 일본에서도 캔커피 CF에 출연중인 토미 리 존스, 인기 드라마 〈24〉의 주인공 키퍼 서덜랜드의 아버지인 도날드 서덜랜드, 1970년대 인기 TV 시리즈인 〈록포드 파일〉의 주인공 제임스 가너 등 등 멋진 노익장들이 출연한다.

이 작품에서 네 사람은 1958년에 다에달러스(Daedalus, 그리스 신화에 나오는 이카루스의 아버지)라는 팀으로서 우주여행을 할 예정에 있었다. 그러나 우주여행의 계획이 중지되고 그들을 대신해 우주로 떠난 것은 침팬지였다. 참으로 굴욕적인 사건이었다. 그러나 그로부터 40여 년이 지난 후, 네 사람이 다시 필요하게 된다. 영화의 설정은 구소련의 인공위성이 당시의 미국에서 빼낸 기술로 만들어졌기 때문에 과거의 기술을 숙지한 사람들이 필요하게 되었다는 것이다. 말 그대로 '꿈'의 우주에 갈 수 있다는 덤과 함께.

네 사람은 겉보기에는 고령의 노인들이지만 마음만은 누구보다 젊고 혈기왕성하다. 무엇보다 긍정적인 마음을 지니고 있다. 신나게 농담을 연발하고 여자들에게 추파를 던지기도 한다. 몸을 치고받는 싸움도 서슴지 않는다. 가장 재미있는 것은 네 사람이 달리기하는 장면. 처음에는 숨을 헉헉거리고 속도는 느리기 짝이 없다. 그러나 점차 체력을 회복하면서 달리는 속도는 눈에 띄게 빨라진다. 히죽거리듯 웃는 토미 리 존스의 표정이 말할 수 없이 근사하다.

물론 관료주의와의 알력과 지독한 보복도 어김없이 등장한다. 뿐만 아니라 젊은 우주비행사들의 시기 어린 핍박도 뒤따른다. "당신

들 같은 노인들은 거치적거리기만 하는 성가신 존재"라는 식이다. 그러나 젊은이들은 결국 프로젝트에서 제 역할을 해내지 못한다. 반대로 애물단지 취급을 받던 네 노인들이 커다란 과제를 수행하고, 젊었을 때 이루지 못했던 꿈과 '다시 한 번'이라는 노년의 꿈을 동시에 이루어낸다.

클린트 이스트우드는 필자가 특히 좋아하는 배우이자 감독 중 한 사람이다. 가장 유명한 배역으로는 5편까지 제작된 〈더티 해리〉 시리즈의 해리 캘러핸일 것이다. 〈더티 해리〉에서도 관료주의와 대결하는 태도가 많은 사람들의 사랑을 받았다. 나이 지긋한 사람들이라면 〈황야의 무법자〉와 같은 마카로니 웨스턴을 떠올릴 것이다. 참고로, 클린트 이스트우드의 데뷔작은 〈괴물의 복수(Revenge of the Creature)〉(1955)라고 한다. 누구에게나 시작이란 그런 것일까?

그는 감독으로서 더 큰 성공을 거두어 〈용서받지 못한 자〉, 〈밀리언달러 베이비〉로 아카데미 감독상을 수상했으나 뜻밖에도 배우로서는 아카데미상을 수상하지 못했다. 영화계의 활약에만 머물지 않고 캘리포니아 주의 아름다운 도시 카멜시의 시장을 역임한 것도 특기할 만한 이력이다. 그리고 그의 신장은 영화계에서 1, 2위를 다투는 장신으로 188센티미터이다.

1930년생 클린트 이스트우드의 현재 나이는 79세! 최근에도 〈이오지마에서 온 편지〉, 〈아버지의 깃발〉 같은 수작의 메가폰을 잡았다. 그의 삶 자체가 멋진 표본이다. 얼마 전의 TV 인터뷰를 보면 지금도 체력 단련을 게을리 하지 않는다고 한다. 마지막에는 역시 '체력'일

274

까. 그러나 그것을 뒷받침하는 것은 무슨 일이든 하고자 하는 '기력'일 것이다.

4. 시간의 시네마 경제학

전 세계 각지를 활보하는 영국 첩보원 제임스 본드지만 〈007 어나더 데이〉의 줄거리는 최근 화제가 많은 북한에서 시작한다.

본드는 문 대령 암살이라는 임무를 수행하지만, 도중에 북한에 억류되고 만다. 구속되고 1년 넘게 고문을 받는다. 이후 포로 교환을 통해 석방되지만, 본드의 상사 M은 그에게 기밀정보누설이라는 용의를 씌워 007의 직책을 박탈하고 유폐시킨 후, 재교육 센터로 보내려고 한다. 이를테면 분명한 좌천이다.

하지만 본드는 거기서 주저앉지 않는다. 유폐된 곳에서 탈출해 자신의 인적 네트워크를 활용하면서 진상을 규명하고 임무를 수행하고자 한다. 영국, 아일랜드로 무대를 옮겨 다니면서 더욱 가공할 북한의 계획에 대한 정보를 입수하고 재차 북한으로 잠입한다. 본드는 국면에 따라 조직과 대립하는 경우도 있지만, 망설임 없이 진지하게 문제 해결을 위해 노력한다.

본드의 개척 정신은 우리들에게 강렬한 에너지를 준다. 그는 오해로 인해 좌천을 명한 상대(상사)에게 복수하고 싶다는 부정적인 에너지를 자신의 내부에서 문제의 해결과 전진이라는 긍정적인 에너지로 전환시킨다. 그와 같은 힘의 중요성을 이 영화는 가르쳐준다. '어디 두고 보자!' 하는 기개다. 현실에서는 본드처럼 법과 규칙도 '까짓 것!' 하는 식으로는 되지 않지만 말이다.

그리고 영화는 하나를 더 가르쳐준다. 다름 아닌 사람의 소중함이다. 본드를 역경에서 구하는 데 큰 힘을 발휘하는 것은 개인적으로 깊은 관계를 맺은 사람들이다. 파트너라 부를 수 있는, '조직을 초월한 인간적 관계'가 궁지에 몰린 인간의 피난처다. 거꾸로 보면 그럴 때일수록 누가 자신의 진정한 파트너인가를 분명히 알 수 있다. 경영자들 중에는 유사한 경험을 가진 사람들도 있을 것이다.

참고로, 2002년에 개봉된 이 작품은 007시리즈의 스무 번째 작품으로 40주년 기념작이다. 그래서 〈다이아몬드는 영원히〉(7탄)에 등장했던 태양광선 공격, 〈골드핑거〉(3탄)에서 다리를 노리던 레이저광선과 같은 반가운 장면들이 등장해 007 팬들을 즐겁게 해준다.

사족으로 덧붙이자면, 이 작품의 감독은 〈스파이더 게임〉, 〈트리플 엑스2: 넥스트 레벨〉 등을 감독하고 〈전장의 크리스마스〉에서 조감독을 지낸 이지적인 분위기의 리 타마호리다. 그의 이름인 '타마호리' 때문에 예전부터 혹시 일본계가 아닐까 제멋대로 상상해봤지만, 실제로 그는 뉴질랜드 출신. 아버지는 폴리네시아계 원주민 마오리족이고 어머니는 영국계 백인이다. 흥미가 생겨 더 조사를 해보니 폴리네시아어의 발음과 일본어의 발음이 매우 유사하다고 한다. 예컨대 뱀, 개구리, 소, 사슴, 곰, 고양이, 개, 멧돼지 같은 동물 이름이나 벚꽃, 삼나무, 소나무, 느티나무 같은 식물 이름의 일본어는 폴리네시아어를 어원으로 하고 있을 가능성도 있다고 한다. 참으로 재미있는 사실이다. 물론 이 같은 이야기는 기업의 경영에 도움이 되는 것은 아니지만 말이다.

영화의 제목도 의미심장하다. 〈Die Another Day〉. 언젠가는 죽는다는 뜻이다. 일본에서는 예로부터 '사람은 어디든 뼈를 묻을 청산은 있다.'고 한다. 그러니 넓은 세상으로 나아가 큰 뜻을 펼치라는 것이다. 사람은 언젠가 어디선가는 반드시 죽게 마련이다. 지극히 당연한 이치를 이해하고, 언제 어디서든 죽을 수 있다는 각오만 가진다면 지금 우리들이 처한 궁지 따위는 소소한 이야기로 생각될 수 있을 것이다. 그래서 더 007을 보고 싶은 건지 모르겠다.

시간이야말로 가장 귀중한 것, 〈백 투 더 퓨처〉

- 원제 : Back To The Future
- 제작 연도 : 1985년
- 제작국 : 미국
- 제작 총지휘 : 스티븐 스필버그, 프랭크 마샬, 캐슬린 케네디
- 감독 : 로버트 제메키스
- 출연 : 마이클 J. 폭스, 크리스토퍼 로이드, 리 톰슨

〈백 투 더 퓨처〉는 〈포레스트 검프〉로 아카데미상을 수상한 로버트 제메키스가 감독하고, 스티븐 스필버그가 제작 총지휘를 맡은 미국 영화의 진수라 할 만한 오락 블록버스터다. 1985년에 개봉해 엄청난 흥행 성적을 거둔 후 두 편의 속편이 만들어졌다.

고등학생 마티(영원한 고등학생, 마이클 J. 폭스)는 약간 유별난 친구이자 과학자인 에멧 브라운 박사(크리스토퍼 로이드)가 스포츠카 드로리언을 개조해서 만든 타임머신을 타게 되어 30년 전의 세상으로 떠난다. 마티는 박사의 도움으로 30년 전의 세상에서 현재로 돌아오는 방법을 발견하지만 소녀 시절의 엄마에게 마음을 빼앗기고 만다. 자신 때문에 변화할지도 모를 자신의 가족의 역사를 복구해야 할 상황에 놓인다.

이 작품처럼 과거와 미래로 떠나는 타임머신을 소재로 한 영화는 꽤 많다. 그만큼 인간은 후회가 많다는 뜻일지도 모른다. 앞 장에서도 언급했지만 인간에게는 태어날 때부터 수많은 불공평이 존재한

다. 그러나 유일하게 평등하게 부여된 것이 있다. 그것은 다름 아닌 '시간'이다.

아무리 부자라 하더라도 돈으로 시간을 살 수는 없다. 부모들은 늘 아이들에게 생명을 소중히 하라고 강조하는데, 이때의 '생명'이란 자신이 컨트롤할 수 있는 눈앞의 '시간'이라는 말로 바꿀 수 있을 것이다. 부모들이 자신의 아이가 공부든 뭐든 최선을 다할 때 본능적으로 기쁨을 느끼는 것도 이 때문일 것이다.

이 영화에서처럼 과거를 수복할 수는 없는 불가역성이 존재하는 한, 모두에게 평등하게 부여된 생명 즉 시간을 충실하게 집중해서 사용하는 것이 인간에게 가장 바람직한 행위가 아닐까? 주연을 맡은 마이클 J. 폭스는 현재 파킨슨이라는 불치의 병과 싸우면서도 배우와 성우로 활동하고 있다.

기업 경영도 마찬가지다. 시간을 살 수도 없고 이미 했던 일을 다시 되돌릴 수도 없다. 주어진 시간은 무한정한 것이 아니고, 그렇기 때문에 쓸데없이 보내서는 안 된다. 시간이야말로 가장 귀중한 경영 자원이다. 이것은 경제정책에도 적용된다. 아무것도 하지 않은 채 그저 나중으로만 미루는 것이 가장 좋지 않다.